教育Do it!

明石一朗
Akashi Ichiro

動詞で考える
学級・学校づくりのヒント

解放出版社

まえがき

今、公教育が大きく揺らいでいる。学校の主人公は子どもであるはずなのに、その主体者である子どもの学習権や集団権が危惧される状況にある。

このほど大阪市が打ち出した「問題児隔離施設」計画（二〇一四年）もその一例である。それによれば、問題のある児童・生徒をレベル一から五まで五段階に分け、レベル四以上の子どもは隔離された「個別指導教室」送りにするというもの。

確かに、二〇一二年度の全国小中学校で発生した暴力行為の件数は、生徒一〇〇〇人当たり平均四・一件、大阪市は九・五件で全国トップである（文部科学省調べ）。

その対策の一環として「個別指導教室」案が検討されているのだが、特定の生徒に「問題児」のレッテルを貼り、教室から排除するだけでは根本的な解決に至らないと思う。「問題の子ども」を排除するのは教育指導でないからだ。

実際、巷《ちまた》では、次のような意見もある。

「過去、校内暴力が激しくなっていった原因は、このような強権的な学校の姿勢でした。背景には、学校の管理主義や教師のサラリーマン化、本当に教育に熱心な先生が評価されずに多忙感と疲労感のなかで働いていること、しんどい子どもの気持ちにとことん寄り添うことのない教育があるからだと思います。子どもへの愛情とか信頼感といった根本的な教育の部分が欠落していて、うわべだけなぞるような対策は何も解決しないと思います」

本書では、今日的な「公教育の揺らぎ」の諸問題を動詞の言葉を束ねて論じた。それぞれの教育論の基調にあるものは、次の三点である。

1 子どもを一人の人格者として捉える「子ども観」
2 子どもとともに学び生きるという「共生観」
3 どの子どもも「伸びしろ」のある無限の可能性を秘めた存在だという「教育観」である。

どのページからでも、好きな問題意識で一読していただければうれしい。

二〇一四年一二月一〇日

明石一朗

教育Ｄｏ ｉｔ！ 動詞で考える学級・学校づくりのヒント…もくじ

子どもの育ちを支えるヒント

誤魔化す

「誤魔化す」の語源には二通りの説がある。祈禱《きとう》に際してたく護摩《ごま》に、紛らかすの「かす」が語尾に付いて「誤魔化す」となった説。江戸時代に弘法大師の護摩の灰と偽って商売した行いから、欺く＝誤魔化すとなったらしい。

もう一つは、胡麻胴乱《ごまどうらん》という中が空洞になったお菓子から、見かけ倒しの例えで「胡麻菓子」が語源になったというものである。

どちらの説も誤魔化されているようで今一つ説得力に乏しいが、子どもに誤魔化されて大人が翻弄されることが多々ある。

運動会の代休日の昼過ぎのこと、市教委から携帯電話に着信があった。たぶんいい話ではないだろうと予測がつく。

「校長先生ですか。お休みのところすみません。先ほど隣接市のショッピングセンターの防犯事務所から連絡があり、小学校高学年ぐらいの男の子三人が敷地内で火遊びをしていて補導したのですが、名前も学校名も連絡先も誤魔化して、本当のことがわからないので、私ども市教委に該当の子どもがいないかとの一報がありました。貴校が近隣の小学校なのでお知らせしました」

長年の勘からピンとくるものがある。

「わかりました。すぐに行きます」

現場に急いだ。

事務所の奥の部屋で三人の男の子が座っていた。私の顔を見るなり、「校長先生、ごめんなさい！」と、声をそろえて立ちあがった。センターの係の方が事情を話してくれて話がわかる。

「本校の児童です。申し訳ありませんでした」

すぐに担任の先生へ繋ぎ、担任から保護者に連絡をとった。しばらくして、学級担任とお母さんがやって来た。

子どもたちは、すでに十分反省していると感じた。火遊びの危険性と問題、校区外での遊び、そして、本当のことを言わないで嘘をついて誤魔化したことなど、お店の方と教師と親の前で謝罪し、夕刻「解放」された。

大人が子どもに誤魔化されるのは、「行為の過ち」以上に悲しいことだ。そして、ばれなければ、どこまでも誤魔化そうとする子たちの心情が辛い。そこには大人に対する「不信」があると思うからだ。

センターの事務所を後にする時、係の方が言った。

「校長先生。そやけど、この子ら、初めは本当のこと言わんと誤魔化して悪い子やったけど、こないして学校の先生や親御さんが来て、真剣に叱って謝ってくれる姿を見て、ええ勉強したと思いますわ。このごろは、学校にもよりますけど、先生に連絡したら『学校外のことは関係ありませんので。警察か親に直接連絡してください』と取り扱ってくれないことも多いですから」と。

大人が血相変えて駆け付け、頭を下げて謝罪する姿から、「どんなことがあっても君たちのことが大切なんやで、見守っているんやで！」という気持ちが通じればと願った。

座る

「チャイムで行動する」は、学校生活のイロハである。子どもたちが時間にルーズになってくると「荒れ」が始まる。さらに、学校の至る所にゴミが散乱し、子どもが教師や友だちに笑顔であいさつを交わさなくなれば、一夜にして「乱れる」。

午前一〇時半過ぎ、いつものようにチャイムが鳴った。三時間目の授業の始まりである。三階の教室に入ると、まだ、子どもたちは席に座っていない。

「チャイムが鳴りました。みなさん、早く授業の準備をして座りましょう」と、一同、見渡して促した。

やんちゃそうな男の子が、

「先生。先生はチャイムが鳴ったら『さあ、今から勉強の始まりだ』って思うやろ。そやけど、ぼくらは『あ〜ぁ。あの楽しかった遊び時間の終わりや』って思うねん」と言った。

この子どもの言葉に「ハッ」とする。

確かに教師は、チャイムは「活動の始まり」と考える。しかし、子どもは「活動の終わり」と、聞こえているのだ。チャイムは一つ、解釈は二つ。

「そうか、そしたら、今から一分あげるから汗を拭いて国語の準備をしましょう」と言って、間を置いた。すると、四〇秒で子どもたちは静かに席に座わり「学びの構え」が整った。


席に座るというのは「気構え」の問題である。授業への参加意識や学習意欲が高くなければ座らない。お楽しみ会や絵本の読み聞かせの時は、子どもたちのやる気は満々で、競い合って前席から座る。運動会や校内音楽会などでは、子どもが活躍する姿を見るため、保護者の方がたにも前席は大人気だ。

一方、ＰＴＡ総会や学年・学級懇談会や教育啓発講演会などは、後席から埋まることが多い。そこに参加者の「本音」が見える。

大人でも子どもでも、心にスイッチが入り、「座りたい」と思うような魅力をどうつくるかが大きな課題である。

支える

「ぼくだけ　ほっとかれたんや」という生活綴り文に出会ったのは新任一年目の時だった。灰谷健次郎氏の『わたしの出会った子どもたち』（新潮社）にその一文は収められていた。

ある日、学校から帰った《たかし》（小一）は、「ぼくだけほってひっこしした」家族を知る。大好きなお母さんは、新しいお父さんとお兄ちゃんと赤ちゃんと一緒にいなくなった。それでも、赤ちゃんのために小づかいからおもちゃを買って待っている《たかし》。その日から、おばあちゃんとおじいちゃんの子どもになった。

当時、私の学級にも《たかし》とよく似た境遇の《いたる》がいた。彼のお母さんも家を出て、結局、帰って来なかった。そして、ある事件が起きた。

朝、教室に行くと友だちの顔を描いた水彩画三六枚がすべて青絵の具で塗りつぶされていた。したのは《いたる》だった。少し前、私に「きのう　おとんが　ウインナーいためて　たまごやいて　ばんごはんつくってくれた。おいしかった」と、宿題の日記を書いていた。《いたる》は私に必死に助けを求めていた。しかし、私は気づくことすらできず、無頓着な担任だった。彼はその日（母親が蒸発した日）から「荒れた」。

歳月は流れて、今も子どもたちの実態は変わらない。教育改革が声高に叫ばれるが、学校現場で毎日奮闘する先生の姿を「えらい方がた」は知っているか。

来る日も来る日も「子どもに寄り添う」教師の姿がある。理不尽な境遇を懸命に生きる子どもへの応援という〝やさしさ〟と、その境遇に立ち向かってほしいからこその叱咤激励という〝きびしさ〟。そこに先生の魂が息づく。

そんな折、元阪神タイガース・桧山進次郎氏をスペシャルプレゼンターに大阪府の教育長賞が創設され、大阪府内でがんばっている子どもに励ましを送る新聞記事を目にした。この「教育長賞」で、学校や地域で地道な努力を続けがんばっている子どもに自信と誇りをもってもらうことはいいことである。

しかし、教育行政が、喫緊にしなければならないことが他にもあるのではないかと思う。子どもが真に支援を必要としているものは何か。学校が「元気」に笑顔になるためには何が必要か。

どの子どもも安心して教育を受けられる環境をつくることである。

笑う

子どもはユーモアが大好きだ。なかでも「だじゃれ」の天才である。

・傷んだ廊下にいたんだろうか？
・あ、足し算ね　間違えてあたし残念！
・マイタケの種まいたけ？
・ねーこの子、猫の子？
・画びょうを踏んで、ガビョーン！
・かしこまりました、しかし困りました。
・健康だと、お腹がヘルシー。
・なんとなく、「ナン」と鳴く。

人間だけが笑う動物といわれる。落語家の桂文珍氏によれば、人は昔から笑いの文化を培い人間関係の潤滑油にしてきたという。『今昔物語』におもしろい物語が書かれている。笑いが信仰の世界と結びつき、お坊さんがおもしろいことを話して人を集め説教をした。そのうち、「説教はいらんからおもろいこと言うて」と、人びとが求め、落語家が誕生した。身分制度があった時代には、笑いに風刺や皮肉を込めて庶民が「下から上を笑った」。その精神は、今も新聞のコラムに生きづいている。教育の世界でも「笑い」についてもっと研究実践をすべきと思う。

笑いの種類としては、

1 「愉快な笑い」……感情が満たされたり、楽しい時に表れる。クイズやパズルを解いた時に生じる知的満足の笑い。

2 「社交の笑い」……習慣的な笑いともいう。毎日のあいさつ時など、人類普遍のコミュニケーション道具。

3 「作り笑い」……愛想笑いなど「装いの笑い」。

4 「極限状態の笑い」……本能的にでる笑い。極度の緊張や極度のストレス状態などから逃れるための「緩和のための笑い」。

などに分類されるが、楽しくて「ホッと」できるものがいい。

近年、笑いは体にとってよい影響を及ぼすことも証明されている。笑うことで頬の筋肉がゆるみ、ストレスが解消される。また「鎮痛作用たんぱく」が分泌されて血圧を下げ、心臓を活性化させることで運動した状態になり、その結果、血液中の酸素を増して心臓によい影響を与えることから、循環器疾患の治療に用いられるという。

笑いをいかに子どもと共有して、より質の高いところにもっていけるか。楽しく学ぶことを「笑育」と呼ぶ。学力の基本は「読み書き計算、ボケ・ツッコミ」である。ユーモアのセンスは、教師の資質向上に欠かせない。

学級の中の笑いを大切にした楽しい学校生活が過ごせれば最高である。

整える

すべての物事は、形を整えまとめることによって意味をもつ。

「仏作って魂入れず」では困るが、将棋や囲碁、スポーツがそうであるように、教育においても、中身を充実発展させるために定石となる「基本の型」を確立することが大切である。

子どもの毎日の暮らしでは、睡眠と食事と排便のリズムを整えること。学習では、チャイムで行動し、私語を慎み、予習と復習を習慣化することが肝心だ。学校生活全般では、あいさつ・清掃・時間厳守の徹底が「活力ある学校づくり」の根本になる。これらの型が乱れてくると学校は「荒れる」。

ところで、新学期初めの学級経営は、個々の子どもが力を合わせ楽しく学校生活を過ごすために、たくさんの決まりごとと手順を整えることから始まる。まず、担任は学級の名簿を整えてから、以下のようなことを子どもたちと話し合ってルール化する。

・学級目標
・座席表
・日直や給食や掃除の当番
・学習や遊びの係
・授業規律
・ノートなどの学習具
・体操服や上靴の使用
・みんな遊び

・雨の日の過ごし方
・朝の会、終わりの会のもち方
・学習掲示
・持ち物の置き場所
・置き傘の場所
・宿題チェック
・連絡ノートの書き方……

読み・書き・計算・運動などを通じての学びは、心身のたたずまいを整えなければ本当に身に着かないことばかりである。いいかえれば、整えるとは、初めにきちんと「躾《しつ》ける」こと。字のごとく「身を美しくする」ことが学びの第一歩である。

通じる

子どもは発達成長段階でさまざまな失敗や苦い経験を重ねる。教師や保護者の期待どおりに成長しないから心配や苦労もあるが、一つひとつの困難を乗り越えた時、それは、子どもの自信になる。

大人が子どもを叱るのは「より良い人間」になってほしいからである。嘘をついて誤魔化したり、人の物を盗んだり、命を傷つけたりする行為に至った時は、頭ごなしに怒ったり体罰で懲らしめたりするのでなく、問題の背景や原因を探り、事実を丁寧に把握して指導するのが大人の責任である。「初期対応を迅速に、事後指導を継続的に」が原則だ。

本気で子どもを叱るとき、子どもは真剣に受けとめる。叱るときは本気で思いきり叱り、褒めるときは心から褒める。鬼のような怖い顔と、仏のようなやさしい笑顔の両面が愛情である。

上手な叱り方には、三つの原則がある。

1　子どもを一人の人格者として認めること。人間は認められ、あてにされ、他者から受け入れられて心を開く。

2　なぜ叱られるのか、十分説明し、子どもが納得すること。失敗には必ず原因や背景がある。なぜこのような問題が起きたのか、事案に至るプロセスを辿り、今後の改善すべき手だてを工夫すると次の失敗は回避できる。

3　同じまちがいを繰り返さないために、どうすればよいかを気づかせること。「気づき」から生活の「繋がり」へ、そして「行動」へと発展させたい。

時に一緒に悩み考え、しんどい子どもの気持ちを共有することも大事だ。

いつも思う。どの子どもも「また、同じ失敗をしたい」とは思っていないと。問題事案から子どもと教師、子どもと子ども、子どもと保護者、教師と保護者が、それぞれ心を通じ合うことが大切である。

褒める

子どもも大人も褒められるとうれしいものである。人は他者から「見られ、認められ、あてにされる」時に元気が出る。そもそも、人材の評価育成は、当人の意欲や向上心を育むことに主眼がある。萎縮させたり、過度な競争をあおったり、圧力をかけるためにあるのではない。

学校教育の場では、三つ叱って七つ褒めるという原則がある。褒めるにしろ、叱るにしろ、要は、当人が良い方向に向くようにすることが大切だ。愛のない暴力的な怒りやうわべだけのおべんちゃらは意味も効果もない。それらは、反感や不信をつくるだけである。

子どもを肯定することが教育指導である。学校の玄関も「校庭」から広がる。すべてに秀でる子どもがいないように、すべてがダメな子どもは一人もいない。日々の学級指導で「誉め、励まし、値打ちづけること」を忘れないでいたい。

それには、一人ひとりの子どもの「いいところ」をどれだけ見つめているかがポイントになる。思いがけない子どもの行動にも「わけ」がある。遅刻・立ち歩き・エスケープ・指示が入らないなどの子どもの問題の背景にあるものを探りたい。結果の原因を把握すること。事実を丁寧に分析し、じっくりと指導すること。すると、「この先生には嘘がつけない」と、子どもが教師に一目置くようになる。また、褒める時は、間髪入れずにタイムリーに具体的にしなければならない。「間」が大切だ。毎日の宿題を何日後かに、ため込んでマルつけすると、いっぺんに「忘れ物」が増えてしまう。

子ども理解の観点は、次のような点である。

1　子どもは一人の人格者と理解する。

2　子どもの固有のもの（名前・生活・個性・得意なことなど）を大切にする。

3　子どもを暮らしのなかでみる。
4　子どもを学級という集団のなかでみる。
5　どの子どもも「伸びる」という確信をもつ。

子どもが、「元気をなくす言葉」としては、1「君にはムリだ」、2「勝手にしなさい。ほっとくからね」、3「レベルが低いねぇ」がある。

反対に、「元気が出る言葉」としては、1「あなたのしたことは、みんなのめざしていることだ」、2「人には、それぞれ個性があるからね」、3「先生でよかったら、いつでも話を聞くよ」である。

このことは、管理職も同様だ。個々の先生の良さやがんばりを三時間以上、どれだけ熱く詳しく語れるか。後ろ向きでネガティブな話題や愚痴しか言えない管理職は、職員から信頼されないし嫌われる。

寝る

文部科学省は「早寝、早起き、朝ご飯」を奨励しているが、睡眠と朝食の二つしかいっていないのは不十分だ。排便も入れるべきだと思う。それは、まあいいとして、要は「ぐっすり寝る」ことが大切である。元々、子どもは早く寝ると早く起きるものだ。

小学六年生（一二〇名）に「一日二五時間あれば、あと一時間を何に使うか？」と聞いたところ、六割以上の子どもが「その一時間は睡眠に充てる」と答えた。「ぐっすり寝た」という朝の「さわやか感」がない子どもが多くいるのに驚いた。

人はなぜ寝るのだろうか。菅原洋平氏（ユークロニア株式会社代表・作業療法士）は、「それは脳の働きを保つために一日に二回、大脳を積極的に眠らせるシステムが働くからです。簡単に言えば、これ以上、脳を働かせていては能率が落ちると判断して、眠気を起こさせるのです」（『睡眠の法則』）と述べている。

睡眠は、体を休め、エネルギー消費を抑えるとともに、脳を休息・回復させ、判断力や理解力、集中力などを維持するためにある。

最近の研究では「短眠」であっても「ぐっすり感」があれば大丈夫らしい。発明王エジソンの睡眠時間は一日四時間。ナポレオンは三時間。レオナルド・ダ・ヴィンチはなんと九〇分だったという。

常人には信じられないような時間しか眠っていないが、寝る時間の長さより「深さ」が大事だという。

一般的に睡眠時間の長い人は、眠りが浅い傾向にある。休日などにだらだら寝るとかえってしんどい。反対に、習慣的に睡眠時間が短い人は、たいへん眠りが深く、集中して寝るという。短い時間で効率よく脳を休息させるために、自然と眠りは深くなる。

「寝る子は育つ」といわれるように、子どもは、八時間は睡眠をとり、「ぐっすり寝た」という目覚めのすっきり感が大切である。

及ぶ

「全国学力・学習状況調査」結果の公表をめぐって賛否の意見に分かれる。賛成論は「教育には説明責任がある」とし、反対論は「学校間の競争主義をあおり、序列化になる」とする。

文部科学省の調査（二〇一三年度）によれば、「市町村教育委員会が学校別に公表できるようにすることが望ましい」と答えた知事と教委が四〇％以上。一方、文部科学省の専門家会議では、教委が学校別の結果を公表することに否定的な意見が相次ぐ。

学校現場の声は、「学校の指導力は、教員だけでなく、社会環境による要素も大きい。序列化が懸念される教委の公表には反対だ」（全日本中学校長会長）。「米英でも過去にやったが失敗した事例がある」などの反対意見が多い。

学力・学習状況調査のポイントは、家庭の教育力と学力との関連性だ。これまでの調査でも「保護者の収入と子どもの成績に相関関係がある」ことが明らかになっている。所得階層の高い家庭が多く集まる校区と厳しい生活実態にある家庭の多い校区では、子どもの成績が違ってくるという予測がたつ。

厚生労働省の調査（二〇一三年）によると、母子家庭は全国で一二三万八〇〇〇世帯。平均年収は、一八一万円。それでも、五年前の調査より一〇万円増えている。それに対して、父子家庭は二二万三〇〇〇世帯、平均年収は三六〇万円。母子家庭は父子家庭の半分しか収入がない。しかし、生活保護を受けている母子家庭は一四・四％で、母の貯金が五〇万円以下は四七・七％である。

全国の首長のみなさんにお願いしたい。それは、行政の責任者として、ぜひ、公金を教育にたくさん投入していただきたいということである。とりわけ、一人親家庭の子どもたちへの援助を真剣に考えてほしい。そのことが子どもの学力向上に一番効き目が及ぶと思う。

繋がる

大阪の子どもたちの学力低下がいわれて久しいが、問題は「ふたこぶラクダ」の学力分布に示された「学力格差」の固定化である。大阪の子どもたちは、誰彼しんどいのではない。下位に位置する子どもたちの学力、とりわけ、その子どもたちの「学習意欲の低下」が問題だ。自分の未来や進路に希望や展望がもてない子どもたちが増えている。

大阪大学大学院教授の志水宏吉氏は、全国学力・学習状況調査結果から上位にある福井県、秋田県、富山県と比して、大阪が低迷している要因を分析して興味深い指摘をされている。大阪はそれらトップ三県に比べて保護者の「離婚率」「持ち家率」と子どもの「不登校率」が深くかかわっているという。大阪の子どもたちの生活基盤が厳しいというのだ。

そのキーワードは「繋がり」。一般的に学力向上といえば、第一義的に教師の授業力、簡単にいえば「先生の力量」があげられる。しかし、子どもの学力を規定する要因はそんな単純なものではない。教師がどんなに教材解釈を練り上げ、発問や板書に工夫をして授業に臨んでも子どもたちの学習意欲が高まらない場合がある。一つは、体の調子が悪い時。体調不良である。朝の目覚めや朝食や排便が不規則だと学校で元気が出ない。二つは、家族に悩み事や心配事がある時だ。虐待やネグレクトの問題もある。三つは、学年学級集団など学校での人間関係がギクシャクし、友だちがいないで孤立している時などである。いじめや体罰なども大きく影響する。

先の大阪の「離婚率」の高さは、家庭環境が不安定であることを示す。繋がりが断ち切られ家族関係が希薄になる。「持ち家率」の低さは、地域との繋がりが弱くなる傾向を表す。何代にもわたって地縁血縁関係のある地域には郷土愛がめばえ校区への愛着が湧く。「不登校率」の高さは、子どもと学校との繋がりが弱く、学校生活が楽しくないことを示す。

これら三つの「率」は、家庭・地域・学校の教育力の問題を端的に物語っている。加えて保護者の労働、疾病、福祉などの問題も子どもの学力形成に絡む。大阪の子どもたちの置かれている客観的条件が厳しいのだ。そのことが学力格差に繋がっている。

では、学力を向上させていく答えは何か。従来より取り組まれてきた大阪の人権教育をはじめとした一人ひとりを大事にした教育、学校・家庭・地域の協働・連携（繋がり）のなかで子どもの学びと育みを支えていくことが、子どもの学力向上に繋がると考える。ぬくもりのない教育は、子どもの学力向上に繋がらないのだ。とりわけ、学習の遅れがちな子ども、心身にハンディのある子ども、家庭に課題をかかえている子どもが元気になる学校づくりをすすめたい。

教える

文部科学省は、教育再生実行会議の提言（二〇一三年二月）を受け、「道徳の教科化」を検討し始めた。「道徳の時間」は、一九五八（昭和三三）年に設けられたが、発足当初から「戦前の『修身』の復活だ」といった反対運動が起き「時間は設けるが、教科のような評価はしない」と、あいまいにされてきた経緯がある。

二〇〇二年、文部科学省は、「心のノート」を全国の小中学生に配布したが、副教材としての位置づけで強制ではなかった。

実際の道徳教育は、「道徳の時間」だけでなく学校の教育活動全体を通じて行うこと（学習指導要領）になっているが、教科でないので週一時間の学習が「形骸化」されているのが実情である。評価もなく専任教諭の配置もない。

小学校の教科は、国語、算数、理科、社会、音楽、図画工作、体育、低学年の生活、高学年の家庭の九つだ。

道徳の教科化の動きは、いじめ自殺などの事件が契機になっているが、「いじめをしてはいけません」と説教すればなくなる問題でもない。

また、今回の教育再生実行会議は、小学校英語の教科化や学習学年の引き下げも提言した。道徳や英語の「教科化」は、学校教育に大きな変化をもたらす。それだけに、学校現場の声をしっかり聞きながらすすめてほしい。

読む

学ぶ力の縦軸が「書く」こととすれば、「読み」は、学力の幅を広げる横軸と思う。書物を読むことで文字に親しみ、言葉を覚え、未知の知識や世界を理解し、自分の考えや行動の判断の根拠にする。とともに、作品に描かれている主人公や出来事・情景などに共感・共鳴・共有することで自分の価値観を培う。

森信三氏は、「読書の意義は、一口で言えば『心の食物』と言える。私たちは、肉体を養うために、一日も食物を欠かせない……。同様に『心の食物』は読書に限られるわけではないが、心を養い太らせるものである」（『修身教授録』致知出版社）と述べている。

朝の読書タイムを設けている学校は多い。その日の朝は、どの学級もシーンと静まり返り、子どものまなざしが本に向けられる。もちろん、教師も一緒に読書する。手に取る本はそれぞれ好きな本でいい。好きな本だからこそ楽しく読み進む。読書は、知的な世界を広げるとともに、集中力や忍耐力を養い、みんなが一斉に読むことで連帯感や仲間意識が教室に広がり、学校全体が落ち着く。

また、本を読むことによって朝の体が「ON」状態になり、全身の血流が脳細胞を活性化させ、興味・関心の高まりとともに学習意欲が喚起される。黙読もいいが、時に「音読」もいい。みんなで教科書を声に出して読むと、学級に「一体感」が生まれ、息が整い、気持ちがそろう。

子どもたちが本読みを通して、「こんな人になりたい」「あんなことをしてみたい」と、憧れる人や将来の夢を膨らませることができればいいと思う。そのためには、まずは、教師自身が本に親しむ習慣をもつことが肝心である。

生きる

赤ちゃんを見てかわいいと思うのは小さいからだろうか。妹や弟をかわいいと思うのは幼いからだろうか。大人が子どもをかわいいと思うのは養わなければならないからだろうか。

子どもをかわいいと思うのは、まだ「小さな命」であり、この世に生を受けた唯一無二の「奇跡の命」であり、内に無限の力を秘めた「未完の命」だからだろう。これは理屈ではなく本能である。地球上には五〇〇万種以上の生物が存在し、五〇〇万分の一のヒト種の七〇億人分の一が私たち一人ひとりである。

子どもは、まわりの大人から期待されて「かしこく・やさしく・たくましく」育つ。子どもの笑顔に接すると教師が幸福に感じるのは、子どもの成長に立ち会えるからだ。子どもが時々に放つ命の輝きに感動・感激・発奮し、その喜びに立ち会いながら収入を得るという「すばらしい仕事」が教育である。

子どもをかわいく、愛おしく思う瞬間を思い浮かべる。それは、

・「おはようございます！」と笑顔であいさつして登校する姿
・授業中、瞳を輝かせ身を乗り出して自分の意見を発表する姿
・「一緒に遊ぼう」と、やさしく友だちを誘っている姿
・「どうしたん？」と、心配そうに泣いている友だちの顔をのぞきこむ姿
・雨の日も「早くアサガオ大きくなれ」と、真剣に水やりをしている姿
・欠席した友だちの机上のプリントをそっとかたづけている姿
・水ぶき雑巾で一生懸命、階段の床を拭いている姿
・「静かにしいや」と、授業中に注意を促している姿
・先生や友だちの顔をじっと見つめて話に聞き入っている姿

などなど。

子どもをかわいく思うことが教育の原点ではないかと思う。夜泣きする幼子に「よし、よし、よし」する親心がそうだ。

学校でも先生からかわいがられ好かれる子どもは、よく学ぶ。

コンラート・ローレンツ博士（オーストリアの動物学者。一九〇三〜八九）は、「人は、信頼し尊敬する人からのみ学ぶようになっている」といっている。

人は人から見られ、認められ、あてにされる時、「生きる力」が湧いてくる。

喜ぶ

何といっても「健康」が第一。人生の三つの敵は、「病気」と「貧困」と「孤独」である。いつも元気で、豊かで、良好な人間関係であればうれしいものである。神社仏閣への人の祈願も「無病息災」「商売繁盛」「家内安全」だ。

なかでも、「健康」は、命より大事である（笑）。

学校で元気な子どもに共通しているのは、心身が元気であることだ。元気でなければ学校は楽しくない。

では、「楽しい学校」＝「楽校」の基盤は何か？

家庭においては、「ぐっすり、しっかり、すっきり」の生活習慣の定着である。

学校では「授業がわかる」「友だちと仲良し」「給食がおいしい」ことだ。

教育の三つの柱は、この「学力向上」「仲間づくり」「生活リズム」の安定にあるが、毎日の生活は、昔から「快眠・快食・快便」が大事だといわれてきた。

朝の目覚めがさわやかで、朝食がおいしく、お腹がすっきりしていることが学びを確かにする。

すっきり出すといえば、「うんこ」の色、形、においに注意したい。小麦色で、バナナ型で、あまりくさくない「うんこ」が好ましい。赤色や黒色は血便が疑われるし、柔らかかったり固かったりすると腸の調子が悪い。強いにおいはガスがたまって悪玉菌が多くいる証拠である。

私は、横になれば数秒で寝ることができ、朝食も欠かさず、排便も決まった時刻にするが、このごろは、歳とともに「排尿」が、どうも近くなって勢いが弱い。それから、夜中に一度はトイレに立つ。

泌尿器科のお医者さんに相談したところ、「大きいほうは二、三日出なくても大丈夫ですが、おしっこは一日でも出なくなると命にかかわりますので、したくなれば我慢せずに出しましょう」「トイレに行ってドンドン出してください。これが、ほんまの『尿意ドン！』です」と、笑わせてくれた。

吸う

ＮＥＴ（ネイティブ・イングリッシュ・ティーチャー）のベン先生は、セミの鳴き声で日本の夏を感じるという。母国イギリスでは気温が低いのでセミはいない。

今朝、この夏一番のセミの鳴き声を聞いた。梅雨も明け、一学期もいよいよあと一週間、子どもたちが楽しみに待つ夏休みが始まる。

夏休みのスタートはキャンプからだ。山に行くと困るのが蚊の存在。一昔前は、蚊のいる環境は当たり前だったが、ふだんの生活で蚊に接することがない子どももいる。あの「ぶ〜〜ん」という羽音（一秒間に約六〇〇回羽ばたく）を聞くだけで怖くなる、蚊アレルギーの子どももいる。

蚊の歴史は古く、何億年も昔から地球に生存し、人類が誕生した時から人間と蚊の闘いは続いてきた。そもそも、暗闇でも人に近寄ってくるのはなぜか。その理由として、人の呼吸による二酸化炭素、体温、汗などが考えられるという。飲酒で体温が上昇した人や活発に動く子どもは蚊の標的である。

地球温暖化やヒートアイランド現象で蚊の生息エリアは拡大している。通常蚊は、花の蜜などを吸って草むらなどにいるが、産卵期のメスのみが吸血する。水中に産卵を三〜四回繰り返し、二〜三週間で寿命が尽きる。

恐ろしいのは蚊を媒介して、日本脳炎やマラリア、デング熱などの感染症になることだ。とにかく、刺されないように虫よけ剤を体に吹きつけたり、蚊取り線香や防虫剤を用意し、部屋の網戸をチェックする。もし、刺されたら氷や濡らしたタオルで冷やし、かゆみ止めの薬を塗る。かゆくても掻きむしらないこと。掻き過ぎると皮膚炎になるからだ。

そして、最も肝心なことは、蚊の発生源である水たまりや藪や草むらの清掃や消毒、薬剤の散布などを行うことが根元対策である。

学校での一つひとつの生活指導事案も、根元になっている子どもの生活実態や背景に迫る丁寧な対応こそが一番大切なことである。

引き継ぐ

朝、起きる時間を意識して、自分の気持ちで目覚めると、朝だけでなく昼の覚醒度も上がることが、国立精神・神経医療研究センターの研究でわかった。

実験では、一五人の男性（平均年齢四一歳）に目覚まし時計を使う場合と使わない場合で、五時間の短めの睡眠をそれぞれ四日連続とって覚醒度を比較したところ、寝不足が溜まった四日目では、起きる時間を意識して自発的に目覚めたほうが、テストの反応時間が朝で一二％、眠気が強まる午後二時で二〇％短く、覚醒度が高かった。また、起きる時間を強く意識する訓練を一週間続けると、八割が目標時刻の前後三〇分以内で目覚めることができたという。

子どもの「元気度」は熟睡度で決まる。ぐっすり寝た子どもほど活動的だ。また、朝の起床と楽しみ事との相関関係も経験則的に強いと感じる。遠足やプール、運動会、クリスマス会、お正月、誕生日など「明日は楽しみ」な時ほど、子どもの目覚めは早い。

一方、子どもの元気度を測るもう一つの物差しは、毎日の食事だ。参観日に一年生の保護者を対象に「給食試食会」をしたとき、次のように話した。

日本で初めて学校給食が始まったのは、一八八九（明治二二）年、一三〇年近く前である。山形県鶴岡町の忠愛小学校で、お弁当を持参できない子どものために、おにぎり、焼き魚、漬け物を提供した。現在では「学校給食法」（一九五六〈昭和三一〉年）の下、給食は教育活動の一環として、配膳、食べ方やおはしの持ち方、あいさつ、片付け、さらに、栄養のバランスなど、総合的に「食」に関する食育指導をしている。また、一九九六（平成八）年の「O―一五七」事件を契機に、衛生・安全面にいっそう気を付け、おいしい給食をつくっている。

ところで、睡眠とともに食べ物を通じて「生きる力」＝「命」を引き継ぐため、食材は「まごはやさしい」と啓発している。それは、「豆・ごま・ワカメ・野菜・魚・しいたけ・イモ」のことである。

これらは、田畑や海や森の中で生きていて、その命をもらって人間は生きる。「いただきます」は、命への感謝の表れだ。「ぐっすり寝て、しっかり食べる」ことは、学びを深める根元である。

偽る

大人は、子どもに対して「してはいけないこと」を三つ諭す。

一つは、嘘をついてはいけない。
二つは、人の物を盗んではいけない。
三つは、人の命を奪ってはいけない。
である。

小さいころ、「嘘つきは泥棒の始まり」といって、親から戒められた。今、子どもたちは、大人社会を見て悲しい思いをしている。

二〇一三年、髙島屋、大丸松坂屋、三越伊勢丹といった一流デパートの「食材偽装表示」の騒ぎが広がった。火に油を注いだのは、「偽装」を「誤表示」「認識が甘かった」などと、いい逃れの「嘘」をついたからだ。

そもそも、問題を起こす企業の体質がいけないが、後手後手になった対応がさらに悪い。何事もあいさつとお詫びは早いほうがいい。同じことを言っても遅れて言えば「言い訳」になる。

消費者は「ばか」ではない。テレビ画面に映し出される謝罪会見のトップの顔は「ウソ」「ごまかし」「うさんくささ」を消費者に感じさせる。

子どもは、自分を守るために、誤魔化したり、言い訳や弁解をしたりすることがよくあるが、過ちを通じて反省し、「立派な大人」になっていく。

学校の先生は言う。「正直に話しなさい。やったことは仕方がないんやから。したことを隠さず全部話したら、気持ちがすっきりするし、もう、叱らへんよ。そして、反省して、次からどうすればいいかを考えよう。とにかく、嘘をつくのが一番悪いんやから」と。

名の知れたホテルや百貨店は、高価な商品を扱う。それでも人びとが喜んで買い求めるのは、そのブランドと信用・信頼にもとづく「良い物」だからだ。信用していた者からの裏切り行為は人の心を遠ざける。これまでも、いったん信頼を失った企業は、一〇〇年の老舗《しにせ》であっても一日でつぶれる事件が多々生起した。

人が口にする食材は、命に直結する。正直こそ企業の使命だと自覚してほしい。「車海老」＝ブラックタイガー、「九条ねぎ」＝青ねぎ、白ねぎ、「牛ステーキ」＝牛脂注入の加工肉などと、正直に表示して、安価な値段で販売すればどうだろう。

商売も教育も次の三つのことを肝に銘じたい。

一つ、人の命を預かる仕事であること。
二つ、信頼関係で成り立つ仕事であること。
三つ、事後対応で事の成否が決まる仕事であること。

いじめる

滋賀県大津市立中学校の当時二年生の男子生徒が、いじめを苦に自宅で自殺するに至った事件を契機に「いじめ問題」が社会問題化したが、「いじめ問題」は、およそ一〇年周期で世の関心を集めてきた。

《第一のピーク…一九八五（昭和六〇）年前後》
・東京都内中学校二年（当時）S君への「葬式ごっこ」（一九八六年二月一日自殺）
《第二のピーク…一九九五（平成七）年前後》
・愛知県内中学校二年（当時）O君への執拗ないじめ（一九九四年一一月二七日自殺）
《第三のピーク…二〇〇六（平成一八）年～現在》
・大津市立中学校二年A君への「いじめ」事件（二〇一一年一〇月一一日自殺）

森田洋司氏（大阪樟蔭女子大学教授、大阪市立大学名誉教授）は、「いじめ」の定義を「同一集団内の相互作用過程において優位に立つ一方が、意識的にあるいは集合的に他方に対して精神的・身体的苦痛を与えることである」と規定している。

1　同一集団内……一時的・瞬時的な人間関係で成立する行為と区別。集団とは、フォーマル・インフォーマルなレベルにいたるさまざまな集団。
2　相互作用過程……集団内で人と人が織りなす関係のなかで作られていく関係性をさす。
3　優位に立つ一方……いじめる側の社会的優位性、身体的優位性、数のうえでの優位性にもとづいて行われる行為（生徒による対教師暴力、子どもによる家庭内暴力とは区別）。
4　意識的に……いじめる側に相手に対して苦痛を与えようとする動機が存在していることをさす。

いじめには、力関係による差（アンバランス）が見られること。「あいつをいじめてやろう！」という「意識性」があること。いじめる↕いじめられる関係だけで成立するのではなく、彼らを取り巻く観衆・傍観者が「集合的」となって存在することなどがポイントである。

「いじめ防止対策推進法」が成立した（二〇一三年六月二一日）。推進法では、

・一定の人的関係にある他の子による心理的・物理的な影響を与える行為。
・対象の子が心身の苦痛を感じているもの。
・インターネットでの行為も含まれる。

と、「いじめ」を定義し、

・児童・生徒がけがをするなど重大ないじめが起きた場合、学校が事実関係を調査すること。
・学校はその内容を、いじめを受けた児童・生徒とその保護者、地方自治体に報告する義務を負うこと。
・いじめが起きた場合には、学校が、カウンセラーの協力を得ながら、いじめを受けた児童・生徒を継続的に支援すること。

・校内での相談窓口の設置やいじめに関する定期調査、道徳教育の充実を図ること。
・いじめを受けた児童・生徒が安心して教育を受けられるよう、いじめを行った側の児童・生徒は別の教室で授業を受けさせること。

などを義務づけている。

実る

映画『奇跡のリンゴ』は、無農薬リンゴの栽培に心血を注いだ一人の農家の実話である。

通常、リンゴの木を育てるには、年に十数回も農薬を散布しなければならない。そうしないと、昆虫、カビ、細菌などにやられて、虫食いのない、甘くて大きい、美しいリンゴは育たないのだ。しかし、妻は、農薬を散布するたびに寝込んでしまう。

木村秋則さんは、「無農薬のリンゴができたら、妻に辛い思いをさせることもなくなる」。その一念で取り組んだが、現実は生き地獄だった。農薬散布をやめると、何万匹もの害虫がリンゴの木に襲いかかり、病原菌が繁殖した。農薬に代わってニンニクや酢などあらゆるものを試みたが失敗した。

ついに、家計は底をつき、自家用車も農作業用のトラックも売り払った。電気や電話代も払えないので、止められる。三人の娘たちに学用品をそろえてあげることもできなかった。

それでも家族が支えだった。木村さんが「もう諦めたほうがいいかな」と、珍しく弱音を吐くと、寡黙な長女が「そんなの嫌だ。なんのために、私たちはこんなに貧乏しているの？」と言った。その子どもの一言が希望を繋いだ。

九年目の春、とうとう小さな白い花が木村さんのリンゴ畑に広がった。成功のきっかけは「土」だった。

万策尽きた木村さんは、死を覚悟して岩木山に登った時、偶然、斜面に立つクルミの木を見つけ、青々と茂る木の「土」に目がいった。それは、落ち葉と枯れ草が何年も積み重なり、虫や微生物が分解してできた「自然の土」だった。

苦節一〇年。こうして育てられた「奇跡のリンゴ」は、今、注文が殺到し、予約が二〇年後待ちという。

映画の場面で印象に残ったシーンがある。木村さんが根まで弱ったリンゴの木の一本ずつを回って、「無理をさせてごめんなさい。花を咲かせなくとも、実をならせなくてもいいから、どうか枯れないでちょうだい」と言いながら、頭を下げて歩く場面である。木村さんはリンゴの声が聞こえたと言う。

初夏の季節。小学二年生がトマトを育てている。

「トマトに　みどりの　はっぱが　いっぱいさいたよ。大きかったよ。水やりするとき虫が　いっぱい　いたよ。すごい　たのしそうに　はっぱを　たべていたよ」

「花が　いっぱいに　なってきました。わたしの　トマトは　だいぶ　おおきく　なってきました。よく見ると　いろんなところに　くきが　のびていました。わたしは　トマトが　大好きだから　はやく　たべたいです」

やさしい声をかけながら水やりなどの世話をしている子どもたち。それに応えるかのように大きくなっていくトマト。植物も生き物だ。人の気持ちが通じるのだと思う。実際、たまたま、木村さんが声をかけなかったリンゴの木は枯れたという。

そういえば、校庭のビワの木にたくさんの実がなった。校舎耐震工事の際に切ることも検討したが、残すことにした一本のビワの木だ。

日ごろは、何の手入れもされずに校舎の片隅に静かに立っている。

きっと、毎日、子どもたちの元気で楽しそうな姿を見続けているから、たわわに実をつけたのだと思う。さっそく、実をもいで食べた。小粒だが、甘くておいしい実だ。何の手も加えない自然になった実。

このビワの実のように、子どもたちも日々心身たくましく成長している。

守る

二〇〇一（平成一三）年六月八日午前。ポケットの携帯電話が鳴った。その時、私は文部科学省の前にいた。一報は大阪府教育委員会からだった。

「今日の午前一〇時ごろ、大教大附属池田小学校で子どもと先生が殺傷されるたいへんな事件が起きた。すぐに文部科学省と連絡を取ってほしい」

だんだん詳細がわかってくる。

大阪教育大学附属池田小学校に刃物を持った男が乱入し、児童八人が死亡、教師を含む一五人が重軽傷を負ったのだ。

その日、附属池田小学校は二時間目が終わり、休み時間に入る直前だった。一人の男が無施錠の自動車専用門から体育館の前を通って、南校舎一階の二年南組に入り女児ばかり五人を無言で刺した。続いて西組、東組の児童を次々と襲った。さらに東組から外に出たところで、タックルしてきた教師（一年南組担任）の胸を刺して重傷を負わせ、その後も教師の「逃げろ！」という声で逃げていく児童たちを追いかけ引き返し、再び一年南組に入って黒板のそばにいた四人の児童を切りつけ、ここでようやく教師たち（副校長と、男と外ですれ違った二年南担任）によって取り押さえられた。凶行はわずか五分ほどの出来事だった。犯人は、宅間守・当時三七歳。

あれから一二年の歳月が過ぎた。当時二年生だった児童は成人式を迎える。

本校でも六月一一日に「不審者侵入避難訓練」を実施した。毎年の訓練で子どもたちは機敏に行動できた。

・騒がない

・素早く行動する

・分散して逃げる
・先生の指示に従う
ことなどが大切である。
　訓練から、
○情報が錯綜して指示が徹底できないこと
○慌てて騒ぎ、被害を拡大すること
○「まさかうちの学校に限って」などと油断すること
を避けなければならないと強く思った。

書く

八＋八＋八＝二四。一日二四時間のうち、子どもたちが学校で過ごすのは八時間。そこには、「学習者」としての子どもの顔がある。

一方、「おはようございます」までの八時間と「さようなら」のあとの八時間は家庭や地域で過ごす時間だ。ここには、「生活者」としての子どもの姿がある。

教師は、学校の中だけで子どもたちを見ているのでは、本当に子ども一人ひとりを理解したことにはならない。より深く「子ども理解」をするには、家庭や地域の様子を知ることだ。

その方法の一つに「子どもの事実を書く」という指導がある。

生活者としての子どもの暮らしの事実をありのままにとらえ、そのことを文章にすることで、ものを見る目や感じ方を育み、社会や自然への認識力や洞察力などを高めることができる。驚き・発見・喜び・悲しみ・葛藤など、子どものキラキラした心の動きを教師が書くのである。

園田雅春氏は「まずは、子どものナマの言葉やナマの表情、とりわけ印象深い象徴的な言葉というものに直接出会って」いる教師が、そのことを書くことが重要であると述べている（『解放教育』二六一号、明治図書）。

ところで、「いい文」とはどのような文章か。それは、読む人にとって「わかりやすい文」であるということだ。「わかりやすい文」とはどういう文章か。

第一は、実際に体験や経験したことなど「事実」（ほんとうにあったこと）が書かれている文章である。

第二は、事実を「ありのまま」に書いている文である。「ありのまま」というのは、単に時間の経過とともに書くということではない。ふだんの生活のなかで、うれしかったことや悲しかったこと、驚いたり発見したことなど、時々に思ったり感じたことを素直に「ありのまま」に文章にする。

第三は、その文章に共感や好感をもってくれる仲間がいることである。

「わたしみたいに思っている人が、他にもいると思って書きました」と言える安心感や居場所が学校（学級）の中にあることがのびのびした文をつくる。

日常生活の出来事から「ちょっと・すこし・わずか・かすか・ほのか・ささやか・こまやか・ひめやかというようなことを、さやかに感じること」を書きとめることが大切だと思う。

除く

学校現場で給食アレルギー事故が相次いでいる。二〇一二年一二月、東京都調布市の小学校で乳製品アレルギーの児童（五年生）がチーズ入りチヂミを食べて亡くなった。給食アレルギー事故の背景には、日本人の食生活の激変と、その変化に対応すべき学校教育のあり方が問われている。

そもそも、体の免疫が引き起こすアレルギーは「文明病」ともいわれ、戦後七〇年、日本人の食生活が大きく変わったことが要因の一つといわれる。とくに、近年、子どもの食物アレルギーが増えているのは、米など植物性タンパク質の摂取量が減る一方、卵や肉・牛乳といった動物性タンパク質を取る量が大幅に増え、さらに食品添加物の摂取量も格段に増加した。加えて、回転寿司やファミレスなどでの外食やコンビニの食品を多く取るようになり、保存料や加工品の多量摂取も原因といわれる。

学校での給食アレルギー事故防止対策については、

1　情報の共有

子どもの生命にかかわる食物アレルギーについては、保護者、学級担任、栄養教諭、調理員、養護教諭、学校長など学校の教職員全員が把握し、給食管理指導表などを作成して、その内容について教職員すべてが把握しておく。

2　緊急時の対応

アナフィラキシーショックの症状が進行する前段階で、エピペン（緊急補助治療薬）を注射するなど、その子どもに応じた的確な初期対応ができるようにしておく。

3　給食指導に関する研修の実施

給食指導の一環として食物アレルギーに関する研修を実施し、保護者確認の下、教職員は緊急時にはエピペンを打つことを学ぶなど、食物アレルギーによるアナフィラキシーについての理解を深め、日ごろから危機意識を高めて指導にあたる。

4　保護者との連携

保護者に子どもの食物アレルギーに関するドクターの意見書提出を求め、緊急時に適切な対応を行うために、どのような症状が出た時に、どのような対応を行えば良いかを具体的に記した「個別対応プラン」を保護者の協力の下で作成し、その内容を教職員全員が共有して、迅速な対応ができるようにしておく。

5　除去食一覧表の作成

学校給食で除去食対応が必要な子どもに対して、学級担任と栄養教諭は、事前に保護者と十分な打ち合わせを行い、何の料理を除去食にするのか、何を家庭から持参するのかを確認し、献立表に代わる除去食一覧表などを作って、給食が安全に提供できるようにする。

以上のようなさまざまな手立てを子どもの人権に配慮しつつ講じることが、学校教育に求められている。

食べる

子どもの生活リズムは「ぐっすり寝て、しっかり食べて、すっきり出す」ことが大切だ。

「頭が痛い。お腹がチクチクする。吐き気、めまいがする。何となく体がだるい」と訴える子どもに共通しているのは、食生活が不規則であることだ。とくに朝ご飯を食べていない子どもに体調不良が多くみられる。

草木に、適切な水分と養分と日差しが必要なように、人間には、食事と運動と睡眠が欠かせない。成長盛りの子どもならなおさらである。「朝ご飯は金メダル」といわれるのは、朝食は一日のスタート源であるだけでなく、体温を上げて自律神経にスイッチを入れ、体を目覚めさせるからだ。そして、炭水化物（糖質）を取ることで寝起きでボーッとしている低血糖状態の脳を活性化させる。さらには、食べ物で胃が膨らむとその刺激で大腸が運動し始め、便意が起こるのだ。

「快眠・快食・快便」は、子どもが元気に学校生活を過ごす土台である。

学力においても「毎日、朝食を食べる子どもほど、学力テストの得点が高い傾向にある」（国立教育政策研究所調べ）。朝ごはんを取る生活習慣は、体にも頭にも良いとともに、朝の家族の団欒の時間と場をつくる意味でも大きな意義がある。

・朝ご飯、食べて元気に、さあ学校！
・あたたかい、親のぬくもり、朝ご飯
・朝ご飯、食べればわかる、親の愛情

・お母さん、毎朝早くありがとう、手作り朝食、最高の味
・湯気が立つ、食卓並ぶ食材に　親のぬくもり感じて食す

映す

二〇一三年度、大阪府内の被差別部落で食肉業を営む家族を題材にした映画「ある精肉店のはなし」が完成した。七代にわたって食肉にかかわって生きてきた北出さん一家のドキュメンタリー映画（二〇一四年度文化庁文化記録映画大賞受賞）だ。

いのちを食べて人は生きる。「生」の本質を見続けてきた家族の記録である。屠畜の記録としても、被差別部落のなかを生き抜いた家族の話としても後世に伝えたい作品である。「水平社宣言」と北出さんとの出会いや、解放運動があったからこそ、今の自分があるという話。「解放運動というのは、この社会から差別をなくすためにあるんやけど、解放運動で自分が変わった、自分が自分になった」という兄の北出新司さんの話。太鼓屋の復活にかける弟の北出昭さんの奮闘。牛の解体過程やホルモンの扱いなど、どのシーンも「命の輝きとやさしさ」に貫かれている。

監督は、三〇歳代の纐纈《はなぶさ》あやさん、新進気鋭の監督だ。信念と温かみのある、一度会った時から親しみを感じる方である。その監督の第二作がこの映画で、第一作は「祝《ほうり》の島」という原発建設反対に命をかけた山口県上関町《かみのせき》祝島《いわいしま》の人びとを撮ったドキュメンタリー作品だ。

地元の小学五年生が手作りの和太鼓に挑戦した。皮などの材料の仕込みと和太鼓作成に北出昭さんが指導にあたる。例年地元の小学校では、人権総合学習の取り組みとして牛の本皮から親子で和太鼓をつくり、その太鼓を音楽会で奏でるのだ。映画の一場面にも、その様子が描かれている。

いわれなき差別の解消をめざした取り組みは、百年の歳月を経て、今、大きな広がりと深まりを見せる。大正時代に立ち上がった「全国水平社」の原風景に「ある精肉店のはなし」のシーンが重なる。「厳しい差別の時代」の終焉と「解放への展望」を示唆する映画である。

子どもたちに北出昭さんが話した言葉。

「あのな、こんなおっちゃんでも、映画上映の舞台あいさつに立ったら、みんなが注目してくれてな、サインを求められて照れくさかったわ」と、うれしそうに言った。

この道一筋、コツコツやってきた、その生き方が「かっこいい」と子どもたちにも映ったことと思う。

繋ぐ

地元の私鉄は南海電車。一回乗っても「何回電車」、もちろん、何回乗っても「南海電車」。先日、難波行きの急行に乗った。幸い、空いていたので座席に座った。前を見て驚いた。乗客の七人中六人がスマホの画面を無言でスクロールしている。一昔前は、電車の中で見るのは本か雑誌か新聞であった。

今、子どもたちの間で爆発的にLINE《ライン》が広がっている。その利用者数は、全世界で二億三〇〇〇万人、国内では四七〇〇万人、そのうち、一二～一九歳の青少年が三一五万人いるという（二〇一三年七月現在）。

その数に比例して、「いじめ」や凶悪事件も多発しているのは悲しい現実だ。二〇一三年の一〇月、広島県でＬＩＮＥの呼びかけを被害者の男子生徒に無視されたため、両足を縛り、川に突き落とすなどして殺害しようとした少年四人（一六～一七歳）が逮捕された。インスタント・メッセージは利便性がある一方、短文のため軽はずみで自分の感情がストレートに出てしまうことがある。「死ね」「クズ」といった暴言、グループ・チャットによる集団いじめ、既読なのに返信してこないなどによるけんかやトラブルだ。

とくにＬＩＮＥは「新手のいじめツール」としての危険性をもち合わせており、悪用されると人権侵害に発展する。

一方、ＬＩＮＥは、通話が無料で、複数の人と同時にやり取りでき、既読やスタンプ機能も充実していて便利かつ有効なコミュニケーション手段の一つである。「物」は何でも使いようだ。台所の包丁が危険だといって捨てる人がいないように、ＬＩＮＥも使い手の意識と態度が問われている。

学校教育においては、まず、教師がＬＩＮＥなどの情報ツールに熟知すること、言葉のキャッチボールでは、相手の気持ちを汲みとることを大切にし、人の心を傷つける表現や感情を頭ごなしに否定するようなことがないように指導しなければならない。とにかく、「あかんから、禁止！」では問題の解決にならなくなっている。

私は、ボタン式の携帯電話で不自由していないが、そろそろスマホに切り替えるべきか悩んでいる。見栄を張って静止画面を指でスクロールして誤魔化しているのも限界だ。誰か、一番安い料金でＬＩＮＥもできる情報機器を教えてくれませんか？（二〇一四年一〇月に、ついにスマホを買った。どこでもいつでもネットで情報が入手でき、重宝している！）

匂う

警備をしてくださっている受付員のＩさんから、カリンの実を三ついただいた。なんでも自宅の庭で穫れたものだという。成熟した実の色や形は、一見ナシのようだが、触るとぬるぬるしていて、手に油のようなべたつき感が残る。辺りに芳しい濃い香りが広がる。

「秋の匂いです。校長室に観賞用に置いてください」

そう言ってＩさんは、笑顔で正門に戻って行った。

カリンは中国が原産でバラ科の落葉高木である。春の新緑、秋の紅葉と相まって、その花や実が観賞されてきた。三～五月ごろに五弁からなる白やピンクの美しい花を咲かす。一〇～一一月には甘い匂いを放つ果実ができる。実には果糖、ビタミンＣ、リンゴ酸、クエン酸、タンニン、アミグダリンなどが含まれ、セキやタンなど喉《のど》の炎症に効き、喉飴にも配合される。

このごろの夏はことのほか、酷暑の連続だ。気温が三〇度を超える日が一〇月まで続く。しかし、一転して、一一月に入ると急に寒波が襲ってきて、各地で雪が降る現象も見られる。ゲリラ豪雨や季節外れの台風など「異常気象」が起きる。

体も気持ちも季節の移ろいについていけない今日このごろである。

そういえば、例年になくキンモクセイの開花が遅く、匂う期間も短かった。これも今や珍しくない「季節の変化」だ。季節感がないといえば、自然に触れあうことの少なくなった今どきの子どもは、キンモクセイの花やカリンの実の匂いをかいで「消臭芳香剤の香りがする」と言う。食材偽装工作などが蔓延する社会だからということではないが、本物と偽物がわからなくなっている。主客転倒である。

「カリン」と掛けて「物やお金」と解く。その心は、「物もお金も借りんほうがいい」……。

育む

保護者の子どもへの願いは、「元気で、かしこく、やさしく、人に迷惑かけんと、将来、食いはぐれがないこと」だ。簡潔にいえば、子どもの「教育・就職・結婚」といった「人生三つの山場」を無事クリアできればホッとする。

教育は、未来の大人である子どもたちに「自己実現」と「社会貢献」の力をつけるためにある。自分のことが自分でできて、他者の力になれる人間、「よき納税者」の育成をめざす。

なかでも家庭教育は、子どもの成長の節目節目に「手をかける、声をかける、心をかける」など、力点が変わる。

乳幼児期（生後から就学前まで）は、生理的な働きのリズムづけや生活の習慣づけが大事で、人との基本的な信頼関係や安心して生きる環境づくりが第一である。

児童期（小学校）は、授業による学習の習慣づけや友人関係の基礎が形成され、自尊感情の育成などが大切である。

青年期（中学・高校）は、「嵐の時代」で、心身の成長とともに社会的なきまり、行動の規範を確立し、将来の夢や志を育む時期である。

家庭における「教育力」は二つある。

一つ目は、意識的なもので、子どもへの言葉かけや叱ったり褒めたりして、「あいさつ・返事・態度」を躾けることである。

二つ目は、無意識的なもので、家族の会話、世間の風評、保護者の口ぐせ、喜んだり悲しんだりする態度、来客のもてなし、新聞を読んだり学習する様子など、家庭生活全般の雰囲気である。家庭でなければできない教育は毎日の衣食住をはじめとした「寝食」だ。子どもは家族の一員として家庭の「食事」「会話」「役割分担」などのかかわりのなかで育つ。

家庭の教育力は、子どもにとって「気持ちがいい関係」「居心地がいい」ことが前提で、「家が楽しい」「家族に信頼されている」子どもほど、学校生活も充実する。反対に家庭で「こ食」（孤食・固食・粉食・個食・小食・濃食）の子どもほど、学習困難な傾向にある。夕食後の「家族の会話」や「お手伝い」の経験も大きなポイントである。

養う

経済不況が続くなかで子どもの教育費が保護者の肩に重くのしかかる。世帯年収に占める教育費の割合が三八・六％（前年度比〇・九ポイント増）と、過去一〇年間で最高になった（二〇一二〈平成二四〉年七月、日本政策金融公庫調べ）。

就学前教育から公立小中学校の義務教育終了までの子どもの教育費が約六〇〇万円。高校から大学まで通わせるには（入学金と在学費用）、一人当たり平均一〇三一万七〇〇〇円の教育費がかかる（国公立大学が八五四万円、私立大学文系が一〇二五万八〇〇〇円、私立大学理系が一一四一万円、私立短大七三八万八〇〇〇円）。

一方、家計の年収（平成二三年度、税込み）は、世帯平均五五七万八〇〇〇円で、前年度より九万一〇〇〇円も減少した。教育費が一〇〇〇万円台に高止まりしているのに、年収は減少しているので家計に占める教育費の割合は高くなる。

家庭の収入による教育格差が深刻だ。とくに、年収が二〇〇万円以上四〇〇万円未満の家庭における在学費用の割合は五八・四％と六割近くも占める。

家庭の貧困は子どもの成長に大きく影響する。

第一は進学問題だ。成績が優秀でも経済的な理由で上級学校への進学を断念する子どもも出てくる。また、保護者自身が子どもの進学をあまり望まない傾向が強くなる。

第二は日々の衣食住にかかわる問題だ。基本的な養育費（食費、衣服費、医療費、理美容費、お小遣いなど）が満たされないと子どもの生活が乱れてくる。学校では、絵の具、ノート、筆箱などの学用品がそろえられなかったり、芸術鑑賞会や修学旅行などの学校行事に参加できない子どもも出てくる。

第三は子ども自身が将来への夢や希望など生きる展望をなくしたり、目標を諦めることである。

家庭の貧困は、空腹感だけでなく、やる気や根気、元気を萎えさせる。そして、病気や孤独を生む。家庭環境で子どもの力が左右されるのは社会的損失である。

競争原理や自己責任が教育のなかに強まる昨今、次代を担う子どもの学びと育ちの基盤である家庭の経済力が細っている。先ごろ、厚労省は、生活保護費のうち、日常生活費である「生活扶助費」の給付を最大一〇％引き下げる案を示した。現政権は祖父母が孫に教育費などを贈与した時に減税するとしているが、裕福な祖父母をもつ子どもとそうでない子どもに格差が生じるのは好ましくない。

自立・発達途上の子どもに責任はない。厳しい課題をもつ子どもたちを支援する公的なセーフティネットの施策が求められる。

断つ

月に一度、校区常任福祉委員会が催される。各町会長さんはじめ民生児童委員さんや青少年育成会の方がたが集う場である。地域の世話役・顔役のみなさん方による「学校応援団」だ。高齢社会ゆえ、会員のみなさんの平均年齢は七〇歳近い。しかし、どなたも元気だ。

高齢ならぬ「恒例忘年会」が行われた。会長のKさんは七四歳。肌はスベスベ、頭髪も黒々。隣席で話が盛り上がった。

「Kさんは、いつもかくしゃくとしていてお元気ですが、何か心がけておられることがあるのですか」と尋ねると、

「こうしてみなさんと集まってワイワイガヤガヤやることですかな。忙しくてボケる暇がない」と笑われた。

「毎日の生活で習慣にしておられることはないですか」と重ねてお聞きすると、

「私、毎日、外から家に帰ると必ず手洗いとうがいをします。あとは、毎朝五時から一時間、妻と一緒に散歩します。それから、寝起きに水をコップ一杯飲むのも若いころからの習慣です。おしっこをする前に飲むのです。散歩から帰ると朝ごはんを食べますが、パンでもご飯でもおみそ汁と牛乳は欠かさず飲みます。それぐらいですかな」と、また笑われた。

Kさんのお話のなかには「健康長寿」の秘密がたくさんあった。要約すれば、

1　規則正しい食生活

2　適度な運動

3　心の健康

である。

1の食生活では、食べ過ぎない。野菜、果実をたくさん食べる。よく噛んで食べる（ひとくち三〇回）。良質な食材を取る。甘い物は控えめに。

2の適度な運動では、毎日三〇分以上の歩行。ストレッチ。正しい姿勢。深呼吸。
3の心の健康では、親しい人と交わる。プラス思考で生きる。夢や人生の目標をもつ。毎日楽しいことをする。毎日人の役に立つことをする。
などである。

動く

よく学ぶ子どもはよく遊ぶ。活発は子どもの天性だ。今、子どもに不足しているものが三つある。それは、愛情、睡眠、運動である。

愛情は家族の根元だ。親子の間に会話と会食と役割分担のある家族は「家庭の教育力」が高い。

睡眠は「寝る子は育つ」といわれるように食事とともに子どもの成長に欠かせない。寝ている間に子どもは大きくなる。朝の目覚めに、ぐっすり感が大事だ。

運動の意義はいうまでもない。「運動不足病」という怖い病気がある。体を動かさないと胃潰瘍や腰痛、情緒不安、さらには糖尿病や高血圧、心疾患といった生活習慣病になるという。運動不足は体ばかりでなく、精神にも病状を出す。全身がだるい、イライラする、集中力がない、疲れやすい、体が重い、気分が落ち込む、眠いなどである。

体を動かさないと脳の活動が停滞し、うつにもなる。そして、筋肉、骨、内臓が弱る。脂肪が増え肥満になる。心肺機能が低下し、体の隅々に酸素や栄養の供給がされにくくなる。

日常生活で思うことがある。歩くのが遅い、座ることが多い、通勤や買い物などで自動車を使い歩くことが少ない、座って立ち上がるのがおっくうである、電車に乗る時に空席を探す、エレベーターやエスカレーターを必ず使う、四階の教室まで昇ると息が切れる、とにかく体を動かすのが嫌いだ。

なので、最近、やめたことが三つある。①飲酒、②間食、③マイカー通勤。

体が錆《さ》びないように適度に動いて、心身をリフレッシュしなければならない。

教師力をつけるヒント

導く

「先生、授業うまいなぁ」「先生に教えてもらったら、ようわかるわ」と、子どもに言われるのは「教師冥利」である。

どの教師も「授業がうまくなりたい」と、日々悩み、努力する。そのうえ、子どもの気持ちがわかり、毎日の授業が生き生きと楽しくできれば、これ以上の幸せはない。一目置かれる先生に共通しているのは「授業が上手で、子どもに好かれ、保護者からも信頼され、職場で人望が厚い」教師だ。

では、そうした「教師力」の根元になる学級経営・授業づくりの基本は何か。

授業とは、「何ごとかをわからせようとする教師の活動と、何ごとかをわかろうとする子どもの活動との統一」（鈴木秀一氏・札幌学院大学）といえる。

逆説的にいえば、子どもが、教師の説明や問いかけに何の興味や関心を示すことなく、無反応であったり、私語が多く態度が横柄で、集中しなかったりすれば「授業が成立していない」ことになる。学級も「荒れ」てくる。

成立していない授業の特徴は、学級担任と子どもの信頼関係が崩れている時である。自分の一方的な話に終始したり、よく手を挙げる子どもや「できる子」だけを相手に進めたり、わからない子どもを無視したり、子どもの失敗や間違いに無関心であったり、威圧的な叱責だけの対応をする教師の存在である。

一言でいえば、子どもたちの「安心感」や「居場所」がなく、何か「ギスギス感」が支配的な学級である。笑いもなくなる。

改善策は、そんなに難しいことではない。要は学級の子どもたちが「居心地良く感じる」環境を整えればいいのだ。この学級は「安心していいところ」と子どもが感じた時、「学習意欲」も湧き上がる。

そのポイントは、子どもの気持ちを受けとめること。話をよく聞くこと、担任と子ども、子どもと子どもを「繋ぐ」視点をもつことだ。どこで誰が「不満」をもっているのか。どこで誰が学習の「つまずき感」をもっているのか。学習内容が理解できない子どもの原因や背景を真剣に吟味し、そのことをきっかけに他の子どもの認識も発展させるような学習内容を構成・展開することである。

それだけでいい。すると、担任は、それまでの学習者としての子どもが「生活者」として見えてくる。一人ひとりの子どもの生活背景が見えた時に授業に深みが出てくる。学級集団が一つにまとまるのもそういう時だ。教科指導と生活指導の統一が「授業づくりの基本」である。学級経営も授業づくりも一日ではできないが、一日一日の積み重ねが大事だ。あなたは、子どもが好きですか？

悩む

悩んだり、悔んだり、困ったりの連続が「人生」と思っていても、毎日の生活に次々と生起するあれやこれやのことは悩ましい。

教師の悩みは、次の三つに分類できる。

・なんで授業がうまくいかないのか（授業力を高めたい）。
・なんで子どもたちは指示どおりに動かないのか（子ども理解力を深めたい）。
・なんであの保護者は苦情ばかり言うのか（保護者の信頼を広げたい）。

人はなぜ悩むのか？　脳科学者の茂木健一郎氏によれば、「人は、もともと悩むようにできているからだ」と述べている。

人の脳は、左右でまったく違うことをしていて、左脳が意識してやろうとすることを、右の無意識の脳が妨害する。常に右と左が、どちらの意見を聞くべきか、困っているので、悩んだり迷ったりするのは当たり前なのだという。

また、「夫とは価値観が違うので別れたいのですが……」と、茂木氏に相談に来た女性へのアドバイスがおもしろい。「あなたは、これまで何を見てきたのですか。ダンナの顔でしょう。向こうは何を見てきたか。あなたの顔です。お互いに違うものを見てきたのだから、意見が違うのは当たり前です」。

人間の脳は、悩みながらも新しいことを好むという性質をもっている。人類の進化と繁栄は、常に新しいものを求め、時々の変化に対応してきた。変化に敏感でないと発展はない。人間が営む組織（学校）も「マンネリ・油断・諦め」が大敵だ。「昨年度と同じです」という提案は、すっと会議で承認されるが、それが危ない。今までの取り組みを点検・総括し、「今年度は違うことに新たに取り組もう」という空気が職員のなかにある学校は元気である。

子どもたちは、毎日、新しい課題に挑戦し、刺激と葛藤と喜びのなかで成長している。退屈は子どもの天敵だ。新奇のものこそ「成長の栄養素」。人は歳を重ねると未知へのチャレンジが億劫になる。脳を活性化させ組織を発展させるためにも大いに悩むことが大切だと思う。

話す

授業の始まりは、子どもと言葉を通じてコミュニケーションを図ることだが、教師の思っていることを子どもに伝えるのは意外と難しい。一方的に教師が話し過ぎたり、沈黙のなかで子どもの意見や反応がなく終わる場合がある。

つまり、言葉のキャッチボールがなく、対話のない授業である。そんな時、必ず「わかりましたか」が、最後の決め台詞になる。

教室にはさまざまな個性をもった子どもがいる。なかでも、自閉傾向にある子どもと意思疎通を図るのは難しい。竹内敏晴氏は、「自閉傾向の子どもは、概してことばがうまく喋れない。この子どもたちに、何とかして、ことばを教えたい、話ができるようにしてやりたい、これが教育の仕事になるわけだが、話しことばというものは、子どものなかに、話したい、他人に何かを伝えたい、という意欲が起こったときに初めて声として外へ発することができる。この人と触れたい、繋がりたいという感じがおこらなければ、何もはじまらぬ」(『子どものからだとことば』晶文社)と述べている。

自閉傾向の子どもは、話さないのではなく、話したくないと体で意思表示しているにすぎない。話したり表現することに「困り感」をもっているだけである。子どもは、他者に対して心が開いたとき、体で話しかけてくる。この先生や友だちの話を聞こう、聞きたいと思えば自然と体が向けられる。まなざしとうなずきと微笑みが生まれ、話し手におへそが向くのである。

吉本均氏は「教師は快活に話すことのできるプロである。俳優にとって、話すことは口先の作業ではなくて、全身の仕事であると言われる。教師もまた、目と顔で話し、表情とからだで語りかけるのである」（『授業成立入門』明治図書）。教師は、親しみやすく微笑みを浮かべたり、両手を使ったり、しみじみ話す表現力をもたねばならない。

つくる（作る・造る・創る）

学校づくりは、人づくりに尽きる。先人は、それを「教育は人なり」といった。

森信三氏は「教育という仕事は、相手の生命に火を点じて、これを目覚めさす点にあり、それはまた相手の人間を、真に主体的に自己を確立させることだといえる。それは、教師自らの主体的生命に生きることによってのみ行われる」（『教師のための一日一語』致知出版社）と述べている。

学校は今、空前の教職員「総入れ替え期」を迎えている。管理職に求められるのは、学校組織の改革力である。なかでも、経験の浅い教職員を「一人前の先生」にどう育てるかは喫緊の課題だ。

それにしても一部で、大阪の先生が不人気である。理由ははっきりしている。在阪の大学へ、最近は東京や神奈川から学生の「青田買い」に来るらしい。学生への殺し文句が「東京は給料がいいよ」である。こんなリアルな話を知り合いの教授がため息交じりに話してくれた。

しかし、そのような状況下でも大阪の学校現場にやって来る若い先生は「やる気」がある。みんな子どもたちが大好きだ。昼夜をいとわず「子どものために」を合言葉に汗も涙も血も流す。これからの学級は、「第一線の戦力」として彼らをどう育てられるかが「現場力」だ。

子どもはさまざまな顔を教師に示す。幼さも狡猾さも。時に悪いことと思いながらも友だちの気を引きたいがために「ネット」を使って個人情報を流布したりもする。一昔前では考えられない「問題行動」である。しかし、子どものこうした行為には原因や背景が必ず存在する。共通しているのは大人の愛情不足からくる人間不信だ。

ＯＥＣＤ（経済協力開発機構）は、生きる力の基礎となる「キー・コンピテンシー」の育成が重要であると指摘した。価値観の多様化とグローバル化の進展のなかで子どもたちの生活が変容する。教師もそれに対応する力をつけなければならない。

キー・コンピテンシーの三要素は、①知識や情報を活用する力、②異質集団のなかで協働する力、③目標を設定して自律的に活動する力である。

簡単にいえば「やる気・根気・元気……そして、陽気」であることだ。どんなことがあってもめげてはいけない。

育てる

人間が成長するのは、親から授かった遺伝子による内的要因によるものか、それとも生後に与えられる環境などの外的要因によるものか、という議論がある。実際は、双方が関連しあって人間は育つのではないかと思うが、子どもはともかく、大人が集う職場の「人材」を育てるには何が必要か。とりわけ、教師という職業人をＯＪＴ（オン・ザ・ジョブ・トレーニング）で育成するにはどうすればいいのか。

結論からいえば、教師という「職能人」を育てるのは、日々接する子どもたちの存在である。なかでも、学習に遅れがちな子どもや心身にハンディをもつ子どもや家庭に厳しい課題を有する子どもは「先生を育てる」。

なぜなら、勉強が苦手な子どもは「もっとわかりやすく教えてほしい」と、願っているからであり、心身に障がいのある子どもは「やさしく寄り添ってほしい」と、念じているからであり、両親の不和や虐待・ネグレクトや貧困問題に苦しんでいる子どもは「私の気持ちをわかってほしい」と、切に望んでいるからだ。

これらの子どもたちに何の気もとめない、気がとめられない先生は信頼されない。これらの子どもをはじめ、どの子どもも学級内で居場所をもち、生き生き楽しく学校生活が送れるようになった時、心から「私たちの学級担任は○○先生です」と思われる。「よく学び、いつも笑顔で、子どもの幸せを願う先生」は成長する。

では、管理職として個々の先生を育成するには、どうすればよいのか。思いつくままあげれば、

・自分が模範となり、何事も気になることは「率先垂範」、すぐに行動すること。
・「あの人のようになりたい」「もっとこうしたほうがいい」と誰もが意識するように、マメに声をかけ、思いやりの心をもつこと。
・叱る前に褒め、叱った後に必ずフォローして、職場に「包まれ感・所属感・認められ感・安心感」をつくること。
・ミッションやビジョンを正しく伝え共有し、働きがいややる気が育つような方針・プロ

グラムをわかりやすく示すこと。
・仕事の優先順位をはっきりさせ、「迅速性」「確実性」を重んじること。
・ミッションやビジョンに沿って仕事をしているか、点検・改善し、ロスやミスはないか、職場に公平感や納得感をつくること。
・よく見て、声をかけて、笑顔であいさつすることを忘れず、相手の立場に立ってとことんかかわること。
・より多くの価値観を共有するように心がけ、積極的な情報発信と収集をすること。
・個々人の仕事・健康・家族・対人関係・趣味などの把握に努め、共感・好感・親近感をもって共に働くこと。

以上のことを思う。が、しかし、私にはしづらいことばかりであった。

死ぬ

以下の職業ランキングは何だかわかるだろうか。

1位　大手広告代理店の営業
2位　ＩＴ企業の下請けＳＥ
3位　チェーン飲食店店長
4位　若手官僚
5位　病棟勤務の看護師
6位　タクシー運転手
7位　飛行機の客室乗務員
8位　自衛官
9位　公立学校の教員
10位　トラック運転手

実は「早死にする職業ベスト10」（『週刊ＳＰＡ！』二〇一三年七月一六日号）だという。

職業と寿命は密接に関連しているらしい。一般的に危険度の高い仕事を除くと、次の要因が「早死に」を招く職業といわれる。自分の意思で決定できる裁量権の少ない職業と、過重労働や深夜にわたる不規則勤務の職業である。いずれも心身にストレスが強くのしかかる。

1位の大手広告代理店の営業マンは、徹夜の多い超激務で自己裁量権が少なく、客の接待で飲酒の機会も多く心身に負担がかかる。

2位のIT企業の下請けSEや3位のチェーン飲食店店長は、共に長時間労働で給料も安く、下請け会社のSEは、親会社に逆らえず、雇われ店長も裁量権はほぼない。4位の若手官僚も、基本は年功序列の縦社会で給料は安く、議会対応などで深夜勤務が通例だ。

5位以下の看護師、タクシー運転手や長距離トラック運転手、そして、教師も、長時間労働と心身に強いストレスがかかる仕事で、体内リズムを崩しやすい。そのうえ、何かと「政治介入」による管理が強化され、給料も安い（大阪府は全国最下位、四〇歳平均給与三二万円。大分県は四〇歳平均給与四〇万円）。まさに、日々、命を削って働いているのだ。

仕事は「やりがい」と「勤め」と「稼ぎ」のバランスが重要である。今、教師の給与のバランスが崩れている。

なので、長期休業中は、研修に励みつつも、できるだけ与えられた年休を取り英気を養うべきである。
「命あってのものだね」である。

平成24年度 教育公務員の平均年齢・平均給与月額
（総務省統計）

	都道府県名	平均年齢	平均給料月額
1	大分県	46.6	402,766
2	福島県	45.6	401,015
3	秋田県	46.0	400,122
4	高知県	46.6	397,607
5	山口県	46.4	397,414
6	福岡県	46.2	394,371
7	長崎県	45.3	393,777
8	山形県	45.9	391,521
9	宮城県	45.0	390,953
10	岩手県	45.4	390,581
11	静岡県	44.2	389,917
12	熊本県	44.9	388,812
13	富山県	45.2	388,496
14	群馬県	44.5	388,397
15	茨城県	45.1	388,048
16	青森県	45.6	386,827
17	福井県	44.5	386,319
18	香川県	45.5	386,249
19	佐賀県	45.1	386,164
20	宮崎県	45.1	385,875
21	和歌山県	45.7	385,647
22	新潟県	44.5	385,209
23	島根県	45.3	383,501
24	愛媛県	44.6	382,455
25	長野県	45.5	382,317
26	徳島県	45.8	381,671
27	石川県	45.4	380,955
28	広島県	45.3	379,285
29	鳥取県	45.3	379,278
30	埼玉県	44.8	379,193
31	奈良県	45.2	377,908
32	山梨県	44.4	376,571
33	千葉県	44.0	374,894
34	滋賀県	43.8	373,314
35	三重県	44.7	373,206
36	兵庫県	43.9	372,250
37	栃木県	44.8	369,442
38	愛知県	42.3	369,258
39	鹿児島県	42.7	368,721
40	京都府	43.5	368,389
41	沖縄県	42.8	366,988
42	神奈川県	42.7	366,518
43	岐阜県	43.7	365,348
44	岡山県	44.6	358,413
45	北海道	43.0	357,790
46	東京都	42.1	354,803
47	大阪府	42.3	329,953

辞める

二〇一二（平成二四）年一一月、官民格差の是正を目的に国家公務員の退職金が平均四〇〇万円減額される法律が成立した。それに伴い、多くの地方自治体が条例を改正し、地方公務員の退職金を減額したところ、年度末になって教員や警察官などの早期退職者が多数出た（愛知一四二人、埼玉一四一人、兵庫九〇人、佐賀五二人、徳島一九人、福岡五人、高知二人、熊本一人……）。

「お金のための駆け込み退職！」「国民全体の奉仕者として自覚も使命感もないのか」などと、世間の批判は、それらの退職者に向けられた。

埼玉県では県立高校や特別支援学校の教員三七人が一月末までに退職願いを提出したため、三学期の教室に先生が不在となり、学校教育活動に「支障」が生じた。

しかし、そもそも、多くの地方自治体は、国に準ずるとはいえ、年度末になって退職金減額を急ぐ必要があったのだろうか。制度そのものが間違っているのではないだろうか。退職金が四〇〇万円も下がる前に辞めるのは当然の権利であり、個人の自由であり、人情だ。公務員や教師は公共に奉仕する使命をもった職業であり、最後まで自覚と使命を全うすべきであるといった「聖職論」を振りかざすだけでは「情が薄い」。「いや、教師や警察官はそんなわけにいかない」というのであれば、三月末まで退職金を下げてはいけないと思う。それが社会常識である。地方公務員、教師、警察官も、生活者であり家庭人なのだ。こうして、どんどん給付が減れば、当然、教師になろうという人は減り、「こんな人でも……」と思っても採用するしかなくなる。そして、教育界に優秀な人材は集まらなくなり、その結果、子どもにしわ寄せがいくことになる。

優れた人材は年月の積み重ねがつくる。職場で一目おかれ尊敬されてきた教師が退職間際に「やる気」をなくして去っていく姿は悲しい。若い教師の意欲を削ぐなど、職場に悪影響を与える。学校現場のこうした思いを受けとめてほしいと切に願う。

働く

石切り場で三人の職人が汗を流して働いていた。そこを一人の旅人が通りかかった。あまりに熱心に働いているので、そのうちの一人に声をかけた。

「あなたは、なぜ、ここで石を切っているのですか？」

すると、一人目の石工が、

「この町一番の石庭をつくるためですよ」と答えた。

旅人は、二人目の職人にも同じ質問をした。

すると、彼は、

「親方に言われて石を切っているのです」と返事した。

最後に、三人目の職人にも声をかけた。

「あなたも親方に言われ、この町一番の石庭をつくるために働いているのですか？」

すると、三人目の彼は、きっぱりと、

「いいえ、私は家族を養うために一生懸命、石を切っているのです」


労働の三要素は、①やりがい、②勤め、③稼ぎである。

教師は、日々、子どもが成長する姿を見るのが何よりの「やりがい」だ。子どもの笑顔が教師のモチベーションを高める。また、教育公務員として、職務に専念し、守秘義務を怠ることなく、信用失墜行為をせず、宗教的・政治的中立を堅持して公務に「勤め」る。

そして、その労働対価として、正当な賃金を「稼い」で生計を立て暮らすのである。「人はパンのみにて生きるにあらず」というが、仕事に見合う収入がなければ、やる気も低下する。今、そのバランスがきわめて悪くなっている。教員選考採用募集に追加試験をしなければ定員確保できない府県がある。どうして「不人気」なのか。志高い教員が集まらなければ、結局、教育力は低下し、子どもの幸せにならない事態を生むことになる。

残す

子どもの自主性を育む集団づくりがテーマの研修会で「学級通信」について考えた。子どもたちの写真や作文などを掲載したり、パソコンや手書きの工夫をしたそれぞれの「学級通信」は、どれも素敵で、学級の子どもたちが「うれしい」と思うものばかりが提案交流された。

先生が思い思いの「学級通信」を出している。改めて「学級通信」の意味について考えた。

教師にとって一番大切なことは、自分の受けもった子どもたちの心をつかむことである。それには、日ごろから子どもたちが考えていることを何の遠慮や気兼ねもなく自由に話したり、相談できるクラスをつくることだ。

その一つの「ツール」として「学級通信」がある。

学級通信のポイントは以下のとおりである。

1　担任の思いや願いを
2　子どもの喜び・発見・疑問・驚き・共感・学び・遊びなど日常の出来事を
3　旬のうちに、タイムリーに
4　子どもや保護者、同僚、担外、管理職に伝える
5　号数はこだわらない。出せる時に出す

子どもの感想や文章を載せた時は必ず担任の意見も添えるようにしたり、いつでもどこでも記事にできるようにカメラなどを携帯することも心がけたい。

学級通信を通して教師の指導の足跡が「残される」ことの意味は大きい。教師として子どもたちに伝えたいことを、どんどん学級通信に載せて文字に残していくことは「教育財産」になる。

ちなみに私は、今まで担任したすべての学級の子どもの写ったアルバムと学級通信を置いている。結局、教師生活を振り返って、手元に残ったものは、スナップ写真と学級通信だけだ。同窓会の際は必ず持参する。それは子どもたちにとっての学校生活の思い出であり、私の教職人生の「記録」であり「宝物」だ。

気づく

就学前教育と小学校教育の連携をすすめ、その段差解消などの課題に取り組むために、幼稚園の園長先生をお招きして校内研修会をもった時のことである。

テーマは「一人ひとりに寄り添う支援と仲間づくり」。

研修で印象に残ったのは、園長先生の、シャワーのように注ぐ子どもたちへの愛情と困り感のある子どもへの確かな支援（指導）である。ニコニコ話される姿に参加者の笑顔が広がった。

幼稚園は、学校のように時間割やチャイムがない。もちろん、幼稚園教育要領で示す五領域（健康・人間関係・環境・言葉・表現）はあるが、それらは、遊びや生活という子どもの体験のなかで学ぶ。

困り感のある子どもに寄り添う手立てについて、映像を交えて具体的に事例紹介していただいたので、たくさんの「気づき」があった。以下は、参加者の感想である。

・仲間づくりは口で言うことが多いのですが、「大玉ちゃん」ゲームを通じて子どもの対立や葛藤、共感や連帯という体験を振り返り、そこから学び合う姿に感動しました。小学校でも取り入れたいと思います。
・一年生がランドセルで登校し、机に向かい、椅子に座って学習できるのは幼稚園で丁寧にその素地を作っていただいているからだと思いました。ありがとうございます。
・二年生になって今までできなかった係活動や学習ができるようになっています。「支援の退化」というお話が印象に残りました。最終的には支援を必要としない「自立すること」が目標だという言葉が心に響きました。
・困り感をもっている子どもは「本当はいけない」「がんばりたい」と思っているとお聞きして、愛情をもって温かく寄り添い、子どもの内面をもっともっとわかろうと思いました。

・子どもへのまなざし、気配り、視点など、時間と労力を惜しまないからこそ子ども集団に安心感が生まれるのだと思いました。

・小学校の教師への信頼感は、幼稚園でつくられるのだと感謝しました。

・「いびつな成長を繰り返して、進んでは戻ってを繰り返し、振り返った時に成長を感じる」という言葉に感銘を受けました。

・指導は教師の都合でなく、子どもにとっての成功体験を増やしていくことと改めて思いました。

・Hさんの担任をしているのですごく役に立つお話を聞けてよかったです。子どものできているところを広げていこうと思います。

最後に、園長先生は自身の教師生活を振り返り、「新任のころは、子どもへの一途な愛情、一〇年後は、指導方法のスキルを、二〇年後は、その両方が大切と思う」と言われた。三〇年後の学びもぜひお聞きしたいと思った。

学校づくりのヒント

見る

学校長の仕事は幅広く深い。しかし、一言でいえば、子どもや先生方の「命を守る」ことに尽きる。命とは大げさだが、事起きれば職を懸けて学校を守り抜く覚悟があるかどうかだ。

子どもや先生が、毎日、元気に楽しく学校生活を送っているかどうか、「体と心の健康」に気を配り、常に良好な状態を保っているか、個々人のモチベーションを高めているか、子どもたちに学びを、先生方にやりがいを、保護者や地域の方がたに信頼を深めているか、そのための人的・物的・精神的諸条件を整えるのが管理職の役目である。それには、学校の現状をつぶさに「見る」ことが肝心となる。視点は、学力・集団・生活の三つ。

まず、子どもの学びが安定し充実しているか。先生方が生き生きと教え、子どもにわかる喜びを与えているか。保護者や地域の人びとに学校への満足感をもってもらえているか。学力向上の課題である。

集団については、学校・学年・学級がチームとして機能しているか。子ども集団に「いじめ」や「荒れ」はないか。課題のある子どもや非常勤講師や事務職など少数職種の職員が悲しい思いをしていないか。仲間づくりの課題である。

生活に関しては、「ぐっすり寝る、しっかり食べる、すっきり出す」などの生活リズムが定着しているか。あいさつ・掃除・時間厳守ができているか。生活習慣の課題である。

学校長は、以上のことを「管理監督」する責務をもつ。健康などの自己管理の「管理職」でもある。

見抜く

二〇一三（平成二五）年四月、大阪市内の小中学校に「民間人校長」が一一人採用された。しかし、残念ながら八人がセクハラなどの不祥事を起こした。橋下市長の教育改革の一環として応募者九二八人のなかから抜擢された「精鋭イレブン」だったはずが……。

元証券マンの校長（三九歳）は、英語教育が思ったように推進できないという「建前」と「給与が低い」という「本音」を残して一学期も終わらない六月に辞職した。

九月には、五九歳の民間人校長がＰＴＡ会員の保護者に「僕と会えなかったら寂しい?」「君の気持ち聞かせてよ」などというメールを打ち、児童集会では企業時代の自慢話に興じるなどで資質を問われた。が、処分は甘あまの「減給一〇分の一」。研修後には、別の学校で校長として復帰した。他の四人も、偽アンケートを民間人校長が勝手に配ったり、二〇歳代から三〇歳代前半の女性教職員に対してセクハラ面接をしたり、教頭先生に土下座を強要したり、修学旅行でふざけて子どもを川に突き落としたりなど、「やりたい放題」だ。どう考えても「学校の最高責任者」たる振る舞いではない。それ以前に「普通の大人」としてもおかしいと言いたくなる。

このような事態は「たまたま」なのか。いや、必然と思う。共通する「匂い」は、

1　「学校を俺の力で変えてやる！」という、学校長という「権威主義」「権力志向」

2　学校長という世間的な「名声」を求める傾向

3　利己的で「無責任」な態度などの人権意識の低さなどである。校長志望の意図が「学校不信」「先生、悪者論」などではないかと疑いたくなる。

学校長に求められる資質には四つある。

第一は、誠実。物事の対応に自分はどう処するか。問題から逃げない姿勢が求められる。「逃げない、隠さない、ごまかさない」が鉄則である。

第二は、謙虚。自分の力の限界を知ることが協調を生む。優越感は対人関係でタブーである。謙虚でつつましい姿勢は万人の心をつかむ（「実るほど頭を垂れる稲穂かな」だが、「実るほど頭をそらすイナバウアー」の人が多い！）。

第三は、ユーモア。笑いは成功の中心的な要素だ。仕事がたいへんな時ほどユーモアがいる。しんどい時こそ笑いの心をもちたい。

第四は、希望。どんな取り組みも希望こそが困難な状況を変革する。希望は努力の源であり、「今日より明日が必ず良くなる」という見通しが目標達成の源になる。

人権意識を高くもって教職員に誠実に対応し、子どもには謙虚かつユーモアをもって接し、保護者や地域の方がたには、いつも子どもの希望や夢を語りたい。そんなリーダーの下で「学びあい、高めあい、風通しのよい」学校風土がつくられる。

叱る

森信三氏は、職場の三原則は「礼を正し、場を清め、時を守る」ことであると述べている（『教師のための一日一語』致知出版社）。

学校づくりの基本も、あいさつの励行、掃除の徹底、時間の厳守だと思う。この三つが実行できないと学校は「荒れる」。

しかし、学校は世の中の鏡でもある。現代社会の問題が子どもの姿に現れる。子どもに不足しているものが三つある。それは、愛情と睡眠と笑顔だ。長期デフレによる経済不況と将来に希望のもてない閉塞状況が続き、リストラや低賃金労働による保護者の貧困問題（金銭的なことだけでなく、虐待・ネグレクトなども伴う）や家庭不和・崩壊などが顕著になっている。大人の価値観、物の見方・考え方も「損得、勝ち負け、好き嫌い」が優先される。保護者の態度は子どもに「甘い、ゆるい、だるい」傾向を強めている。

「あなたは、本気で子どもを叱れますか?」の問い（日本ＰＣＡ教育振興会）に、「公共の場で騒ぐ」「自転車を二人乗りする」「道を広がって歩く」「ゴミをポイ捨てする」「あいさつをしない」「掃除を真剣にしない」「時間を守らない」「乗り物で高齢者に席を譲らない」などの子どもの行為を「見て見ぬふりをした」大人が六割以上もいる。

体罰は絶対にいけないが、時に、子どもの問題行動を真剣に叱るのは教育指導である。確かに、叱ることはエネルギーのいることだ。双方に波風がたつ。しかし、「叱らない」「叱れない」現状はないだろうか?

その理由の一つに、子どもの時に叱られた経験のない大人が多いことや、どう叱っていいのかわからないとか、叱るべき価値基準やノウハウがないことなどが考えられる。しかし、学級担任として「これは絶対に許せない!」「こういうことをしたら先生は真剣に叱る」という基準を子どもたちに示すことが大切だ。たとえば、

・ウソをついてごまかす。
・人の物を盗む。
・命を傷つける。

これらのことは、人として「絶対にしてはいけない」ことである。これらの行為に子どもが及んだ時に、見過ごしたり、甘やかしたり、きちんと叱らないと規範意識が欠如する。そして、あっという間に学校組織が乱れる。

「あかんことはあかんねん！」という教職員の共通認識の下、子どもを指導することが肝心だ。

受ける

大手の銀行が発刊する雑誌がある。そのある号のテーマは「ひたむき」だ。表紙は、俳優の笹野高史さん（六五歳）。笹野さんはひょうひょうとして、ユーモアがあり、どこか憂いを秘めた「おじさん」を演じると、この人の右に出る俳優はいないほど、存在感のある名脇役である。「武士の一分」（二〇〇六年）の徳平役では、第三〇回日本アカデミー賞最優秀助演男優賞を受賞するなど、大きな評価を受けた。

そんな笹野さんは、売れるまでの「下積み生活」が長かった。実家は造り酒屋で、早くして両親を亡くし苦学した。自身を、「大器晩成」ならぬ「待機晩成」型と謙遜する。人気の秘密は、「弱者の立場の視線」だと思う。

ところで、少し前のＴＶドラマでは、「半沢直樹」がメガヒットした。巨大銀行を舞台に、「やられたらやり返す。倍返しだ」とたんかを切る堺雅人さん演じる主人公の姿に、現実の世の中ではやりたくてもできない人の憂さが晴れた。組織や社会の理不尽に対抗する言動、明確な善と悪の構図のなかで、組織の上下関係をぶち破る主人公の活躍が、人びとの共感を呼んだ。

人びとが「共感・好感・親近感」をもつドラマの三要素は、

１　どの登場人物にも感情移入できること
２　社会性のある現実的な設定・展開であること
３　主人公の目的意識がしっかりしていて、軸がぶれないこと

だという。

加えて、見ていて前向きな気持ちになれることや弱者が強者を打ち負かす痛快な筋書きで、シンプルに感動できることがあげられる。

そういえば、子どものころ、夢中になってテレビの前にかじりついて見ていた「まぼろ

し探偵」「少年ジェッター」「ナショナルキッド」「月光仮面」「七色仮面」「白馬童子」「快傑ハリマオ」「紅孔雀」「仮面の忍者　赤影」などの主人公は、「弱きを助け、強きをくじく」勧善懲悪思想のわかりやすさがあった。

時代は変われど、人びとは社会に「正義と理想」「公平と平等」を求めている。

装う

学校改革が叫ばれて久しいが、その矛先は、教育制度や学習指導内容、教職員のあり方など、ソフト面に向けられることが多いが、三十数年前とまったく同じ学校施設を建て直すことが先決ではないかと思う。児童机やいす、黒板、チョークだけの教室、理科室・家庭科室・音楽室などの特別教室や算数科・社会科教材教具室（ソビエト連邦が記載された世界地図は古地図である！）、給食調理場、職員室、更衣室、和式トイレ、空調のない教室等々、ハード面の教育環境は「旧態依然」で、すべて昭和の「器」だ。驚きを通り越えて「博物館」のような懐かしさや愛着の念すら湧く。

しかし、毎日、学校生活を過ごす子どもたちは、戸惑い、困ることが多い。この三〇年間、世の中の変化はすさまじい。もはやＶＨＳや八ミリビデオは新しい機器で再生できない。もちろんレコードも使えない。Ａ面・Ｂ面と曲を選択した運動会が「遠い夏の花火」のように記憶の彼方に消えていく。今はＡもＢもなくなって「ＣＤ」の世界。そのＣＤですらＤＶＤやブルーレイディスク、ｉＰｏｄなどに代わり、スマホやタブレットが日常生活を席巻する。

その昔、地域社会のなかで、学校は学問・文化を発信する「高い位置」にあった。なので、学校へ行く時は「登る」、帰る時は「下る」と意識して、登校・下校といってきた。先生の授業は「最先端の知識・文化」を子どもに授ける「有り難い」ものであり、学校の広い講堂にはグランドピアノが鎮座し、家の暗くて恐ろしい「ボットン便所」は、学校に来れば快適な「和式水洗トイレ」であった。また、台風などの自然災害時も、校区にそびえ立つ鉄筋校舎に避難すれば生命を守ってくれる安全な場所だった。

しかし、今はどうか。子どもたちの家庭実態はさまざまとはいえ、ほとんどの家では、液晶テレビやエアコンなどの電化製品があり、インターネットの普及により居ながらにして世界の最先端知識や文化を手に入れることができる。学校に行かなくても「困らない」。反対に学校に行けば不便を感じ、困ることが多いのは皮肉だ。その最たるものが、学校の

「便所」である。

トイレでなく「便所」という呼び名がふさわしい。残念ながら「汚い、暗い、くさい」というイメージがぴったりなのだ。文部科学省によると、公立学校施設は築二五年以上が約七割という。これは行政の怠慢ではないのか。世の首長は、選挙で笑顔を振りまく前に、耐震工事と同時に、学校施設の早急な改善に着手すべきだ。子どもの命にかかわる重大問題である。まずは、和式トイレを洋式にし、掃除のしやすい明るく清潔で気持ちの良い「トイレ」に改修してほしい。

子どもが安心して笑顔で過ごせる学校は、トイレから始まると強く思う！

代わる

学校長が代われば学校は変わるか。その答えは、「変わるとも変わらないともいえる」というのが「正解」だ。なぜなら、学校の主人公は子どもであり、教育を第一線で担うのは教職員の力だ。学校は、校長一人の力で動くようなそんな柔な組織ではない。しかし、とはいえ「されど」である。

年末に、恒例のベートーベンの「第九」を合唱する。交響曲のメロディーや歌詞は同じでも、指揮者が代われば合唱の雰囲気が変わる。学校長も指揮者のように組織の雰囲気をつくる責任者と考えれば、やはり、その職責は重たい。

大阪市教委が公募により採用した民間出身の校長の一一人中八人が不祥事やトラブルなどを起こした。わずか半年の間に一人が早期退職し、二人がセクハラ行為などで懲戒処分や厳重注意を受け、新たに数人がパワハラの疑いで問題となった。

その採用基準や研修方法などの見直しが求められている。学識者のなかからも「畑違いの人材を教師という玄人集団のトップに立てるのは無理がある」（太田肇・同志社大教授）という声が上がっている。

「教育は人なり」というが、より良い教育をするには、優れた教職員が不可欠である。その教職員の「代表」が学校長であるとするなら、書類選考と二度の面接で「合格」とし、三カ月間の研修で法令や服務規程や学校現場での実務を学んで「学校長」とするのはお粗末すぎる。人材は即席ラーメンではない。簡単に学校長になった人は、「簡単に辞めてしまう」。失礼な言い方だが、民間でそれほど素晴らしい人材なら、民間の会社が手離すはずがないだろう。

優れた教職員とは何か。

第一は、教育的な情熱と誠実さである。情熱・誠実さは、子どもに対する愛情の表れであり、また教職に対する使命感の表れでもある。面倒見のよさと、厳しいなかにも温かい配慮、わかりやすい授業・楽しい授業、入念な教材の作成・準備、きめ細かな指導がそうだ。卒業してからも子どもが懐かしく尊敬の念で接してくれる仕事が教職である。

第二は、専門的技量である。実際に子どもを指導していくための具体的能力や技能がいる。「教師は授業で勝負する」といわれるように、授業こそ教師が自分の全職責を賭ける場であり、その人の授業を見れば、教育者としての力量もわかる。

第三は、豊かな人間性である。自分自身を伸ばしていこうと常に努力すること。子どもとのかかわりを通じて、人間としてのあり方のすべてをさらけ出していくこと。それは、指導技術や手法を越えて、総合的な「人間力」というものである。

伝える

教職員や子どもたち、時には保護者や地域の方がたに学校長の考えや思いを伝えなければばならないことが多くある。「無口」では学校長は務まらない。

祖母が生前、「お前は髪の毛と口数が少ないほうやから心配や」と、私によく言っていた。これは冗談ではなく、今でも人前でしゃべる時はドキドキする。しかし、多少の体調不良でもその場に臨まなければならない役職が学校長だ。その意味では、「自己管理」の管理職である。

話を伝える時は、簡潔に三つのポイントがいい。朝の校長講話でうれしいことを三つ、子どもたちに伝えた。

一つは、子どもの登下校を見守ってくださっている地域の方がたが公に表彰されたこと。地域の「見守り隊」の方がたに「ありがとうございます」の感謝の気持ちを伝えたい。

二つは、学校に来て子どもたちに本の読み聞かせをしてくださっているお母さん方が文部科学大臣賞を受賞されたこと。これを機会に、子どもたちがいっそう本に親しみ、たくさんの本を読んでほしい。

三つは、ある方から一本の電話が学校にかかってきた話である。

「私、とってもうれしくて仕方がないのでお電話をしました。実は、先日、家の洗濯物が強風で塀の外に落ちてしまったのですが、気がつかずにいたら、五、六年生ぐらいの男の子が二人、『こんにちは、○○さんのお宅ですか。洗濯物が道に落ちていました。それで、拾って届けに来ました』と、たいへん丁寧に礼儀正しく洗濯物を持ってきてくれたのです。名前も言わずに立ち去ったその子たちのことを、ぜひ、学校の先生に聞いていただきたくてお電話しました。何かの機会に、おばちゃんが『ありがとうございました』と言っていたと話してくれませんか」というものである。

伝える話は、基本は三つ。うれしくなる内容なら、なおさらいい。

崩す

かつては「不況になると教育職が人気」といわれた。将来への安定志向から教育公務員を選ぶ風潮があったからだ。しかし、近年、教員養成系の教育学部の大学受験者が減っている（二〇一三年度国公立大学教育学部志願者数は前年度比九四％で約三〇〇〇人減。代々木ゼミナール）。

なかでも、大阪の教員志願者の実数は厳しい。大阪出身以外の学生から「大阪の先生には、なりたくありません」という声をよく聞く。その背景にあるものは何か。

第一は、「全国的に大阪の子どもの学力が低い」「いじめや体罰問題など、生活指導上の課題が多い」「保護者のクレーム対応が厳しい」などという「風評被害」が広がっていることである。

マスコミも一部の破廉恥行為をした教育関係者を記事にすることはあっても、大阪の学校で一生懸命がんばっている先生の姿をあまり取り上げない。

第二は、現場の教職員の「やる気を下げる」ような教育施策が続いていることである。教職員の給与引き下げや退職金削減問題、一〇年ごとに更新する教員免許問題など、これからも教師を続けていけるだろうかという将来への不安を抱える先生が少なくない。加えて、非常勤講師の多数配置や土曜日授業や部活動などによる教員の多忙化も大きな問題となっている。先生が子どもと向き合う時間の確保が難しく、書類作成や調査報告や会議や出張などの仕事量が増えている。

第三は、大阪の教育行政の「混乱」である。

「民間人校長」の登用は、結果として「不祥事」を多発し、現場の先生たちのモチベーションを下げている。教育は信頼と協働が命である。外部からの刺激も必要だが、あまりにも「乱暴」な行政施策が多い。

「学校選択制度」導入は、学校と地域の絆を希薄にしている。地域に支えられて「おらが町の学校」は存続してきたのだ。

また、保護者の「自己責任」「受益者負担」の名の下に、厳しい家庭環境にある子どもの教育が細っている。保護者や子どもの好き嫌いや「人気投票」のような、公平性・客観性を著しく欠く「授業評価アンケート」もいかがだろうか。その「アンケート」で多くの学校長が「教員の人事査定」をしなければならないのだ。

教職員の士気ややる気を削いで、どうして子どもが幸せになるだろうか。

暮らしのなかの人権問題

隠す

世間は「美白ブーム」である。そうしたさなか、美白成分を配合した化粧品を使用した際、肌がまだらに白くなるなどの問題をカネボウが起こした。結果、消費者への謝罪とともに化粧水など五四製品を自主回収する事態になった。これらの商品は二〇〇八年から発売を始め、約二五万人が使用したという。

被害にあった方がたは本当にお気の毒だが、人びとが、これほどまでに「美白」を求める社会にも違和感をもつ。

昔から「色の白いは七難隠す」といわれるが、そもそも「七難」とは何か。
仏教用語で「七種類の災難」というのがある。それは、
・顔立ちのまずさ
・性格のきつさ
・生活の乱れ
・老いの恐怖
・運の悪さ
・色気のなさ
・みすぼらしさ
をいうらしい。

「色白の女性は顔かたちに多少の欠点があっても、それを補って美しく見える」といわれ、「米の飯と女は白いほど良い」などのことわざもある。
しかし、本来は色の黒・白に価値の上下はない。「白は美しく、黒は汚い」というのは偏見である。

友人が出産した時、お祝いに行き、「色白でかわいい赤ちゃんですね」と言ってしまったことがある。それでは、色の黒い赤ちゃんは「かわいくないのか」と叱られそうだ。なぜ、女性だけに「色白」を求めるのか。

かつて、テレビで「しっとりしなやか、サラサラシャンプー」というナレーションの後、長髪をなびかせ振り向く女性の姿がアップになるCMがあった。

クラスの中に「私の髪の毛、なんでチリチリで、真っすぐでないんやろ」と気にする子どもがいた。知らず知らずのうちに、「白は美しい」「直毛はすばらしい」などという「常識」が世間に広がり定着する。そして、その「常識」から外れるものは「価値が低い」と考えられてしまう。身近な暮らしのなかに「人権問題」がある。

競う

二〇二〇年、夏季五輪とパラリンピックの東京同時開催が決定した。六年後、生きていれば「人生二度」のオリンピック経験になる。一九六四年の東京オリンピック時は、私も妻も小学三年生だった。

「お父さん！　絶対、東京に観に行こな」。今から会話が弾む。

この一週間、彼女の自慢話を三回聞いた。

その話とは、和歌山県海南市立の小学校三年生時、理科室で観た競技で「重量挙げで金メダルを獲った三宅義信選手の絵を描いて『金賞』をもらった」というものだ。「滑り止めの白い粉の容器はピンク色のチューリップの形をしていてね。よく見て描いたねと、先生が褒めてくれてん！」。三宅選手は金メダル第一号で国中が湧きたった。マラソンでは円谷《つぶらや》選手やエチオピアの裸足の選手アベベが話題となった。

五〇年前の記憶をこんなに興奮して話すほど、五輪大会は人に「夢と希望と感動」を与えるものなのだろう。

私は何といっても、地元ニチボー貝塚の女子バレーボールチームが、ソ連チームに打ち勝って金メダルを獲得したことだ。大松《だいまつ》監督率いる河西《かさい》主将を中心としたチームは「東洋の魔女」と呼ばれた。祝勝パレードが国道二六号線であり、赤色のオープンカーに乗った選手たちを沿道で迎え、日の丸をちぎれんばかりに振ったことをはっきり覚えている。彼女たちは、今の「なでしこジャパン」以上の国民的ヒロインだった。

今回の東京開催決定で、何かと閉塞感に覆われていた人びとの気分を少しは払拭《ふっしょく》できただろうか。早くも株が反応し好景気の期待が膨らむ。しかし、現実的には、福島の原発事故などの対応に「数年の猶予」が設けられたに過ぎない。国の国際公約になった放射能汚染水対策は、今後も「完全にコントロール」されなければならない。建設資材の高騰や建築に係る人手不足が、東日本大震災後の復旧復興を後退させてはならない。

五輪開催を契機に子どもたちが大きな夢や志をもち、パラリンピックを通して社会的弱者にやさしい世の中になるように人材育成や施設づくりを競い合ってほしい。

叫ぶ

公衆の面前で聞くに堪えない差別言動がなされている。ヘイトスピーチ（憎悪にもとづく発言）だ。

大阪府警は、市民グループによる在日コリアンや朝鮮学校を非難する大阪・梅田での街宣活動に対して「愛国を言い訳に差別を楽しむな」と抗議した学生に「何が差別やねん、死ね！」と叫び、腹を殴るなどの暴行を加えた少年ら三人を書類送検した（二〇一三年六月一九日）。

東京・新大久保でも「いつまで日本に居続けるつもりだよ。ここで大虐殺始めてやろうか」「みなさん、朝鮮人の女性を見つけたらレイプしていいんです」などと、在日韓国・朝鮮人への罵詈雑言の数々を叫ぶ排斥デモが行われた。デモ隊はおよそ二〇〇人。半分は二〇代から三〇代の男性だが、ＯＬ風の女性やベビーカーを押す三〇代の母親の姿もあった。手に日の丸や「朝鮮人は皆殺し」と書かれたプラカードを掲げ、拡声器で叫びながら行進する（二〇一三年六月一六日）。

「ネット右翼」といわれる彼らは、インターネット上で「今の日本は、在日韓国・朝鮮人に牛耳られている。彼らから奪われた権利を取り戻すという『正義』の活動をしている」と信奉する。

なぜ、このようなヘイトスピーチが頻繁に行われるようになったのか。欧米では、失業に不満をもつ若者たちが人種差別行為をしばしばとる。日本でも経済の先行きが不透明で、現状の社会に閉塞感をもつ人びとが、特定の人びと（公務員・教師・在日外国人・障がい者・高齢者・同和地区住民など）をターゲットに攻撃を加える事件が後を絶たない。加害者は、単なる「お祭り」、ただ「騒ぎたかっただけ」「腹が立つから」などという「うっぷん晴らし」のつもりだ。

しかし、そうした「大衆の差別意識」をあおるような一部マスコミがある。数年前から気になっている番組だ。

たとえば、「たかじんのそこまで言って委員会」（読売テレビ）、「ビートたけしのTVタックル」（テレビ朝日）、「たかじん胸いっぱい」（関西テレビ）、「たかじんNOマネー」（テレビ大阪）、「サンデージャポン」（TBS）などは、「タブーに挑戦」「本音で議論」を売りに「何でもあり」「言いたい放題」を出演者が繰り広げ、視聴率も高い。こうした今日的な日本社会の「空気感」がヘイトスピーチ行為に繋がっているのではないか。

子どもたちの「いじめ」問題も、このような社会の動きと無縁ではないのではないだろうか。

＊ヘイトスピーチ（憎悪表現）＝障がい、職業、社会的地位、経済状態、外見、人種、民族、国籍、宗教、思想、性別、性的指向などを理由に、異なる集団や個人を貶《おとし》め、暴力や差別的行為を煽動すること。

雇う

規制緩和と自由競争が喧伝され、非正規雇用者、いわゆる契約社員やフリーターが増加した。一時期、「終身雇用制度など会社に縛られないで、好きな仕事を、好きな時に、自由にできる」と、もてはやされた。

私たちの時代は学校卒業後に正社員・正職員として働くのが当たり前だった。しかし、今の若者は、初任で正規雇用者は六～八割、失業率は約一〇％だ。若年層の雇用が細り、格差が拡大している。


先ごろ、政府の規制改革会議（二〇一三年度）が、正社員より解雇しやすい「限定正社員」を増やすルールづくりや、派遣労働の規制を大幅に緩和する提言案をまとめた。正社員中心の働き方を崩すことで、会社が雇う人を増減しやすくし、経済活動を活発にするねらいがあるという。

確かにメリットもあるかもしれない。「限定正社員」は、勤務地や職種、働く時間をあらかじめ会社と約束する働き方で、長時間残業や全国転勤できない人でも、雇用が安定した正社員として働ける。介護や子育てを抱えて職を離れた女性の活躍の場も広がるなどと期待される。

しかし、問題はないだろうか。仕事や勤務地がなくなったとき、誰よりも早く「合法的」に解雇されてしまうことになる。企業は「余剰人員」を抱え込む心配をせずに働き手を「搾取」できる。人事担当者は言う。

「嫌ならいつ辞めていただいても結構です。仕事をしたい人はいくらでもいますから」と。

不安定な雇用と低賃金。有期契約の仕事では職業人としてのキャリアを積むことができない。また、低収入では、結婚して子どもを生み育てることが難しい。若者の夢や志を奪う雇用制度の「改悪」はよくない。若者は経済活動の原動力であり、社会保障の支え手だ。若年層の雇用を充実させなければ日本社会の劣化は食い止められない。

「明日」という字は「明るい日」と書く。明日は今日より必ず良くなるという希望こそ人間の活力だ。若者が「やりがい」をもてる雇用制度が求められる。

塞ぐ

東日本大震災による原発事故は終息することなく、放射能汚染水漏れなどの被害が懸念される。海と陸と空はひと繋がりだ。

大震災後の「人災」は一国の問題に留まらず地球規模の大問題である。風評被害は人権侵害問題であり、根拠のない偏見や差別は許せないが、最近、マスコミが食産物などの放射能値をいわなくなったのはどうだろう。深刻な事態を隠蔽することは許されない。

明日という字は「明るい日」と書くが、子どもたちの未来は明るいだろうか。年金の掛け金を払わない若者が言う。「五年先の僕の人生もわからないのに、どうして四〇年後の年金のことが考えられますか」と。娘はイチゴショートケーキのイチゴから先に食べる。私は最後にイチゴを味わうが、「おいしい物は先に食べる」のが今時の若者の「常識」だという。彼らは、先の人生に楽しいことがあると信じていない。「今が一番！」で自分の未来に希望をもてなくなっている。

このごろ、時代の危険な変化を感じる。TVのバラエティー番組で自衛隊の戦車とタレントが二〇〇メートル走を競い、戦車の性能をおもしろおかしく紹介していた。画面に「かっこいぃー」「すごい!」などとテロップが流れる。都心の公道で中国や韓国を排斥する「ヘイトスピーチ」隊が行き来する。松江市教育委員会が小中学校に漫画「はだしのゲン」の閲覧制限を求めた問題、政治家の口から「国防軍」という言葉がためらいなく出る。戦後七〇年ではなく「戦前〇〇年」の世相を感じる。そうしたさなかの政府による「集団的自衛権」容認問題である。

かつて、一九三〇年代にヒトラーは台頭した。一九三二年の選挙で大勝し、翌年、ヒトラーが首相となってナチスの独裁体制が築かれた。当時のドイツの国民の九割近くが支持した。なぜか? 彼の巧みな弁舌とたぐい稀なるカリスマ性が大衆を熱狂させたからか。彼の本質は、反ユダヤ主義、排外主義、軍国主義、国粋主義だったが、社会主義を掲げていたところに「秘密」があった。当時のドイツは深刻な経済不況で、第一次大戦前から戦後にかけてインフレ・物価高騰に見舞われ、政府財政の赤字・不換通貨の増発（通貨供給量の増大）によって超インフレになり、物価は一兆倍にも達していた。労働者は賃金低下にあえぎ、失業者は八〇〇万人（一九三二年）もいた。中産階級も同様に不利益を被り零落し、巨額な利益を得ていたのは一握りの巨大独占資本のみであった。

こうした時期にヒトラーの言葉は、大衆にとって輝かしい将来を約束するかのごとく感じられ、多くの人びとの心をわしづかみしたのである。まさに「ふわっとした民意」が悪の政治を動かした。だます政治家も悪いが、だまされる民衆も悪い。賢い民意を持たなければならないと思う。

重ねる

ものの値打ちを見分けるのは難しい。旅先の朝食で冷奴に醤油をかけようと思ってソースを垂らすことがある。家では、それぞれ容器が違うので間違わないが、旅館の食卓の醤油入れとソース入れは、ちょっと見ただけではわからない。ではどうすればいいか。やはり、垂らす前ににおいをかぎ、手のひらに一滴落として舐めてみる。実際に確かめれば間違わない。経験を重ねてわかることである。

「開運!なんでも鑑定団」という人気番組がある。

出場者が、「この品は、伊藤若冲《じゃくちゅう》（江戸中期の絵師、写実と想像を巧みに融合させた奇想の画家といわれる。作品「群鶏図」など）の直筆によるもので、数百万円の価値はある」と、意気込んで自慢の骨董品を持ってくるが、鑑定士は、あっさり「五千円」と評価を下す。その悲喜交々《こもごも》の様子がおもしろく、それが番組の売りになっている。

しかし、素人とはいえ、持参する人は収集家としてそれなりの「目利き」ができるのに、どうして偽物にだまされるのか。専門家と素人の違いはどこにあるのか。鑑定士は、千も万も「本物」との出会いとふれあいをたくさん重ねていて、豊富な知識をもっているのだ。本物との豊かな出会いと深い学びを重ねてきたからこそ、その道の「プロ」としてものの値打ちが識別できるのだ。

休日に大阪市立美術館で開催されている「ボストン美術館収蔵品展」に行った。フェノロサ（一八五三～一九〇八）やビゲロー（一八五〇～一九二六）のコレクションを含む日本美術の至宝が展示されていたが、なかでも曽我蕭白《しょうはく》（江戸時代の絵師。一七三〇～八一）の「雲龍図」が、幻想的でユーモラスな空気を漂わせ、ひときわ異彩を放っていた。入場者が、その作品に一番群がっている。素人目にも本物は複写図と違って明らかに迫力があり、オーラを発していた。本物の存在感は圧倒的だ。

出る

「出る杭は打たれる」というけれど、人は「叩かれ」て伸びるときもある。あと一歩を踏み出せずに迷っているより、とにかく、何事も動かなければ始まらない。向き不向きよりも「前向き」が大事だ。

日本社会は、一般的に「みんなと同じ」ことを求め、異質なものに排他的である。違うことへの恐怖感、横並びの安心感。

ブラジル出身の友人のカルロスさんは来日して驚くことがあった。「日本人は、お隣さんと何か違うと心配になる」「ブラジルでは、さまざまな民族や国籍の人びとが集まっているので、個人個人が違っていて当たり前だ」「日本のように世間体を気にして生活することはない」と。

子どもは、他者との「同化」を求める。友だちと同じことをやりたくってしかたがない。学びのスタートは「まねる」ことから。しかし、小学校の高学年になってくると自我の芽生えとともに、「自分らしさ」が出てくる。同じ花を描いても色合いや雰囲気がみんな違う。教科の得手不得手もはっきりしてくる。一人ひとりの子どもの個性を認め、その子の「良さ」を引き出し、より良い方向に高めるのが教育である。

全体主義的な社会風潮のなかでは、個々人のアイデンティティが否定される。自分らしさを出すことが、組織の変化や発展を生むのに。毎日インプットしたことをよく咀嚼《そしゃく》してアウトプットしたい。

中途半端だと「愚痴」が出る。いい加減だと「言い訳」が出る。一生懸命に取り組めば「知恵」が出る。

衰える

肉体的な衰えは、階段の昇り降りや足腰の柔軟性、視力の弱りや物忘れのひどさなどで自覚する。

精神的な衰えは「希望がなくなった時から老化は始まる」といわれるように、生きがいが大きくかかわってくる。

いずれにしても、適度な運動と規則正しい食事と睡眠、あとは親しい人びととのコミュニケーションを図ることが「老化」の歩みを遅くする。
だいたい、脳の神経細胞は二〇歳を過ぎると一日に一〇万個減少するらしい。これが「脳の委縮」の始まりだ。

脳と体の健康を保つ一〇の法則（テレビ番組「エチカの鏡」）がある。

1　一日の予定を立てる。
計画を立てて、今日することを思い浮かべること。
2　新聞は焦点化して読む。
新聞は、教育や経済などキーワードを見つけながら読むこと。
3　目を閉じて食べる。
視覚を防ぐことで、においや食感・味、箸で口に運ぶ動作など軽い緊張感をもつこと。
4　左手で洗濯物を干す。
難しい動作で脳を刺激すること。
5　部屋の模様を変える。

机や椅子の配置、壁の色などを変えること。

6　思い切ってほしい物を買う。
ほしい物を買うことで満足感を得ること。

7　散歩する。
一駅前で降りて歩いたり、コースを変えて散歩すること。

8　知らない人と交わる。
公民館講座に参加するなど、知らない人と会話し、活動を共にすること。

9　地図を描く。
旅行した場所の地図や行程を思い出し、書き出すこと。

10　日記を書く。
たった一行でも、毎日、感動したり、心にとまった出来事を書き続けること。

選ぶ

「僕は、選挙で選ばれたのです。だから、僕の意見は民意を代表するもの。僕の考えが嫌なら選挙で落とせばいい」とは、かの橋下大阪市長の言葉である。確かに、選挙の結果は重く受け止めなければならない。しかし、選挙では他候補を支持する票も、好ましくないが棄権した「民意」もあった。一〇〇%の有権者に押されて選ばれたのではない。また、民主主義には「少数意見の尊重」の原則もある。権力をもつマジョリティはマイノリティに謙虚でなければいけない。

「いじめ」や「体罰」問題などに端を発して、今、大阪の教育が大きく揺れる。すったもんだの揚げ句の果てに、二〇一二年度(平成二四年度)の大阪市立桜宮高校体育科の入試が取りやめになった。そうしたのは、大阪市教育委員会の決定・判断であるが、市長が事前に教員の総入れ替えや桜宮高等学校の廃校も含む「不退転の決意」を表明していたことが影響したのではないだろうか。実際、市教委が市長の意に反して入試を是とした場合、職を辞して、その一点を争点に市長選挙に出る覚悟だったと語っている。これは、ある種の「政治の教育介入」ではないだろうか。

教職員の人事権は首長から独立した教育委員会にある。教育予算も議会の承認を経て執行される。首長の「鶴の一声」で、教員の人事異動がなされたり、教育予算が減額されたりすることがあってはいけない。

これらの問題を正面から論じ批判するべき側近の人びとやマスコミ各紙が黙っているのが疑問だ。

「長い物にまかれろ」「怖い者には弱腰」「言ってもしかたがない」「世間の注目を浴びている人には従う」「今はもち上げてひと儲《もう》け、いつか、地獄に落としてひと儲け」なのだろうか。

世間の大人たちのそうした姿が、子どもの「有害な手本」となってはいないか。今日の教育問題の核心は、そこにあるのではないだろうか

続く

インターネット上に次のような驚きの意見が載っていた。

Q　全国学力調査の結果、成績の低いのは、一位北海道、二位大阪、三位沖縄です。
まず北海道はアイヌ民族の血が混ざっているので成績が低い。次に大阪はアジア系の

韓国や中国人などの在日外国人の混血と帰化人などが多く、日本人の血が他県より薄いので下から二番目。三位の沖縄は琉球民族が原住民で中国や東南アジアの血が濃く、日本人の血は薄いので低い。日本人はやはり優秀な血統の民族でしょうか?

一方、正しい反論やまっとうな回答もたくさん掲載されていてホッとする。

A あなたが、個人的にどう思おうと自由ですが、人の値打ちは民族や遺伝で決まるものではありません。環境及び本人の意志で、変わってきます。自国の文化や風土を愛する事は大事です。誇りをもつ事も。しかし、同様に、他国の文化や風土に対しても、敬愛と尊重の態度をもちましょう。他民族蔑視はされない方がいいと思います。

私たちは先祖代々、連綿と命の「続き」で生きている。しかし、誰の遺伝子や血を引き継いでいるのか、その優劣を論じるのはナンセンスだ。

私の両親には八人のひい爺さんとひい婆さんがいて、一〇代前に遡れば一〇二四人の先祖がいる。二五代前では三〇〇〇万人、三三代前では八五億八九九三万四五九二人だ。現在、地球上に人類は七〇億人いるが、結局、「人類みなきょうだい」である。血筋や血統が大事という考えの愚かさは明らかである。

ましてや「日本人の血は優秀である」とする考えは、他民族を差別し排除するファシズム的発想である。

人間の値打ちは生まれや家柄、性別、民族などで決まらない。もし評価されるとすれば、その人の行いである。命を傷つけ、嘘をついて欺き、人の物を盗む行為は、その人の値打ちを下げる。しかし、それとて、自分の行いを悔い改め、猛省し、日々更生の道に努めれば、人間は変わることができる。

知る

子どもが小学生だったころ、家族四人で北海道見どころ満喫、三泊四日の旅行に行った。関空から新千歳空港に着き、そこから乗り合いバスに詰め込まれ、行程一〇六二キロの道のりを西から東へただただ走るだけ。所々の土産物店に降ろされては試食コーナーの食べ歩き、夕方、屈斜路湖に着いたころには体が、ほとんど「クッシャロコ」だった。

「大阪から来ました」と、地元の人に話すと、

「大阪の人はおもしろいですね。『白い恋人』を『面白い恋人』とコピーしたり、『北海道は、でっかいどう』なんて言ってばかりで」

「それに札幌といえば時計台、富良野は美瑛の丘、そして、網走といえば『刑務所のある番外地』と冗談を言う」と笑われた。

実際、「見どころ」のなかに網走観光があり、原生花園に咲く色とりどりの草花やオホーツクに漂着する流氷の美しい景色（二月のパノラマ風景）に息をのんだ。旅行で網走の街を知ったことで印象がまったく変わった。

知らないということが偏見をつくる。

大阪にできたユニバーサル・スタジオ・ジャパン（ＵＳＪ）に「連れて行って」と、泣いて駄々をこねる幼子に聞こえるように両親が、

「なあ、お母さん、ＵＳＪがとうとうできたそうやな。怖いことや」

「ほんまやな、お父さん。あんな怖いところへ、みんなよう行くわ。一度行ったら、もう帰って来られへんらしいわ」

こんな両親の会話を聞いて育った子どもは、「ＵＳＪは怖いところ」と信じこむ。しか

し、小学校高学年ぐらいになると、学校で「楽しかった。おもしろかった」と、友だちが言っているのを聞いて、だんだん本当のことがわかってくる。

同和地区をさして、「川向こうに遊びに行きなや。あの辺は怖いところやからな」と、おじいちゃんに言われて大きくなった孫は、同和地区への間違った考えをすりこまれる。

人権意識は、豊かな出会いと本当のことを正しく「知る」ことから始まる。

諦める

夏目漱石の「草枕」の冒頭に、「智に働けば角が立つ。情に棹させば流される。意地を通せば窮屈だ。とかくに人の世は住みにくい」とある。

意訳すれば、「知性ばかり重視すると、人とぶつかって、うまくいかない。かといって、感情のおもむくままに進もうとすれば、感情に流されてしまい、コントロールできなくなってしまう。自己主張を通すと、世間に広く受け入れられず、自分の世界だけになってしまうので、やっていけない。ほんとうにこの世の中は住みにくいなあ」。

大阪府教育委員会は、平成二九年度（二〇一七年）から府立高校入学試験の英語テストで、英検やTOEFLなどの外部検定を活用した受験を可能とする全国初の方針を打ち出した。

国際化のなか、世界で活躍する人材育成は重要であるが、学校現場への導入の仕方が少し「乱暴」だ。市町村教育長協議会や小中学校校長会への丁寧な説明や合意があっただろうか。一方的に学校現場に「指示」が出されるようでは実施に混乱が生じかねない。英語の外部検定を活用した受験には、三つの問題点がある。

第一は、教育の平等性や公平性の問題である。教育委員会は「個人の努力と実力を評価するもの」としているが、子どもの家庭環境、とくに保護者の経済力の差が子どもの「実力差」になってはいけない。

第二は、学校外の教育評価に公的な入試の判断をゆだねることになりはしないかという問題である。「外部機関が認証した英語力」は公的教育による「成果」ではなく、特定の機関に教育委員会の「お墨付き」を与えることになり、結果として一定の「利害関係」が生じる恐れがある。

第三は、議会による予算承認を待たずに「既成方針」としてマスコミなどに情報が流され「既成事実化」されることである。教育施策に異論があっても反対意見が建設的に言えない状況が続くことが心配だ。

無茶が通れば道理が引っ込むご時世である。名の通った百貨店や有名料理店が食品表示偽装を「表示間違い」としたり、どこかの知事が「やましい五〇〇〇万円」を「個人の借入金」と言い張る社会だ。

漱石の「やってられないけれど、笑うしかないなあ」の心境では収まらない。

奮う

二〇一二（平成二四）年一二月末、大阪市立桜宮高校バスケット部で顧問の教諭から体罰を受けた生徒が自殺するという痛ましい事件が起きた。

そのことに端を発して桜宮高校の入試で体育科を普通科に変えることが決まった。それで問題の本質は解決されるだろうか。

尊い一人の生徒の命が奪われ、そのうえに友だちや仲間、ひいては信頼を寄せる多くの先生や学校関係者に不要な混乱を生じさせるのはいかがなものか。

重大事の判断は、慎重かつ冷静、理性的でなければならない。一時の感情である「思いこみ」や「思いつき」や「思いあがり」などを厳に戒めなければならない。

時代の雰囲気が政治をつくるのは歴史の示すところである。そして、政治が声高に教育を論じるときは、だいたい「閉塞した社会」である。

戦前の軍国社会が「軍国少年」を育んだように、今日の社会がどんなリーダーを望み、何を委ねるかが問題である。

一昔前の「一億総中流」時代から、今は「格差社会」へと変化した。生きることの「危うさ」や先行きへの「不安」が人びとに内在する時、社会的弱者は排斥の対象となる傾向がある。

一九三〇年代のドイツは、経済が疲弊し、既成政党が信頼をなくし、少数政党が乱立した。ヒットラーはそうした時代状況の下で現れた。

彼は言葉巧みに街宣した。

「みなさん、この混沌とした時代に、のうのうと、いい目をしている人びとがいる。哲学者、聖職者、教師、公務員たちだ。彼らは税金で楽をしている。彼らは、仕事を身分としている。これまでの既成組織をぶっ壊し、明るい未来を築こう！　そして、この優秀なゲルマン民族の血を汚すユダヤ人をこの世から駆逐しよう！」と。

あえて憎しみの対象、敵をつくり、鬱屈した人びと（大衆）の心をあおって、不幸な戦争に突入した。愚かな歴史を絶対に繰り返してはいけない。

変わる

相手の興味や関心を引くには、話し方を少し変えるだけで実現することが多い。「メラビアンの法則」によれば、人は人の話を「内容、声、見た目」のうち「声と見た目」で九割を判断するらしい。話の内容は同じでも、話し方や表情によって相手の受け取りようは変わるのである。

たとえば、「いちおう」「とりあえず」「たぶん」といった〝あいまい語〟をやめるだけでトーク力は確実に向上する。

話し合いの基本は相手の話をよく聴くことだ。それには、相手が知りたいこと、相手が求めていることを話すことが大切である。一方的な話は相手をうんざりさせる。まず「そうですね」で受けとめ、否定から入らないようにする。たとえば、「めん類では、そば派、うどん派がありますが、〇〇さんはどちらですか？」「うどん派です」「あ、同じですね！

私もうどん派です」。相手への共感が好感と親近感を呼ぶ。

《ポイント1》

1　相手の知りたいことを話すこと
2　自分から心を開くこと
3　初めから「NO」と言わず、まずは、共感すること

また、組織内でプレゼンテーションやレクチャーをする時は、5W1Hを明確にすることが大切である。「何を」「いつまでに」「なぜ」などを具体的に説明する。また、提案は複数の案を用意し、意見があるときは、「私はこう思う」と「私」をハッキリさせることも重要である。

《ポイント2》

1　5W1Hで、具体的に伝えること
2　提案する時は、複数案を用意すること

3 「私」を主語に話をすること

声は、ハキハキ明るく、語尾を明瞭に。

話の内容は、結論から先に、あいまいな表現は避ける。

表情は、口角を上げて笑顔で、タイミングよく相槌を打ち、アイコンタクトをとって話すことだ。すると、相手は確実に「変わる」。

暮らす

幸せ感の多い社会とは、まじめに仕事をすれば暮らしていける世の中である。しかし、生活基盤である仕事が不安定である。勤め人の三人に一人（三五・五％）が非正規雇用者で、その多くを若者が占める（「平成一九年就業構造基本調査結果」総務省統計局）。

大きな要因は、バブル経済崩壊後の景気低迷で行われた人件費の抑制である。正職員のリストラや給与の大幅な切り下げは厳しいので、新規の正職員採用を抑え、人員整理がしやすく、低賃金で使用できる非正規雇用者を募った。その犠牲になっているのが若年層で、大学を出ても正職員になれず、やむを得ず非正規雇用者になる。若者はこれからの日本を背負う「人財産《ひと》」である。まじめに仕事をしても暮らしていけないのでは将来の生活設計もできない。

その典型が結婚問題である。若者の非正規雇用者がこれだけ多ければ、結婚して家庭をもち子育てをしようなんて思えない。「交際している異性のいない」未婚者は男性六一・四%、女性四九・五%という実態だ。結婚の最大のハードルはやはりお金である。男女ともに「結婚資金」を挙げた人が最も多い（男性四三・五%、女性四一・五%、国立社会保障・人口問題研究所「第一四回出生動向基本調査」二〇一〇年）。

明治安田生活福祉研究所が二〇一三年二月に実施した調査によると、未婚女性が結婚相手に求める最低年収は「四〇〇万円〜五〇〇万円未満」（二〇代三二・一%、三〇代三四・八%）である。「四〇〇万円以上」が結婚できるかどうかの明暗を分ける。

結婚して「しんどい生活」をするくらいなら、「金銭的に多少裕福」で「家族扶養の責任がなく気楽」で「広い友人関係を保ちやすい」独身がいいとなる。結婚すると行動や生き方、金銭、友人関係などが束縛されるという若者の考えがある。

かくして、超高齢・少子社会が、日本の行く末となる。

抱く

教師であれば、「どの子どもも高い志を抱いて、将来、ひとかどの人間になってほしい」と願う。個々の子どもが成人して「自己実現と社会貢献」ができるようにと願って基礎教育は営まれる。

「人間が志を立てるということは、いわばローソクに火を点ずるようなものです。ローソクは、火を点けられて初めて光を放つものです。同様にまた人間は、その志を立てて初めてその人の進化が現れるのです」（森信三『修身教授録』致知出版社）

大志を抱くというのは、自己の欲求を思うがままに満たす「野望」ではなく、自分のことができて、人のためになすことに汗をかくことである。

橋下徹大阪市長による第二次大戦時の従軍慰安婦問題発言について国内外から批判の声が高まった。発言内容に関しては論ずるまでもないが、公人としての「気品」が感じられないのはいかがなものだろうか。言葉には、発した人の人格的価値、人としての「品格」というものが込められている。花でいえば色や形に加えて「香り」だ。その人が発する内面的な「香り」である。

「気品」を人に抱かせるのは、その人の最も奥深いところから醸し出されるもので、一言でいえば、人を敬う心＝「人間の尊厳」を尊ぶ精神性＝人権意識である。

「あなたの娘さんが主体的に『風俗』に従事し、兵隊の慰めに協力しますか」という市民の声にどう応えるか。人権意識は、社会的弱者に我が身を重ねて「血肉化」することと思う。過去の教訓に学び、性と暴力がはびこる世の中を正していくのが「大志を抱く」政治家の使命ではないのかと思う。

あとがき

今、急速に日本の教育が大きく変わろうとしている。教育委員会制度、学校組織マネジメント、教育カリキュラム、家庭の教育格差や地域の環境、教職員の世代交代等々。このような激動期は先行きへの閉塞感が生じやすいが、だからこそ、確かな「教育の原理原則」「変化への対応力」が求められる。大切な視点は「子どもにとって最善とは何か」を追求することである。

本著は、管理職から若手の先生まで、子どもを中心とした学級・学校づくりのヒントになればと記した。また、教職を志す学生の「教育実践論」としても活用していただければ幸甚である。

最後に、本著の編集に当たって、多大なご尽力をいただいた解放出版社の尾上年秀さんに心から感謝申し上げます。

二〇一五年一月一〇日

明石一朗

明石一朗（あかし いちろう）

母校で初任校でもある大阪府貝塚市立東小学校で教師となり、小学校の学校長等を経て現在は関西外国語大学で教員養成等の人材育成に力を注ぐ。
小学校現場から大学、全国同和教育研究協議会や大阪府教育委員会等を通じて人権教育や家庭教育等に長年携わる。
子どもの見方、接し方、叱り方、心のつかみ方、学校・家庭や地域の教育力など、今日の子どもをめぐる教育課題や同和問題をはじめとした人権問題等についての講演も行う。

経歴

1955年4月、大阪府貝塚市生まれ。

大阪府立佐野高等学校、立命館大学文学部東洋史学科卒業。

貝塚市立東小学校、二色小学校教諭。

大阪府同和教育研究協議会副研究部長・全国同和教育研究協議会事務局長。大阪府教育委員会事務局指導主事・大阪府東京事務所課長補佐・主任指導主事・首席指導主事などを歴任。

2009年、貝塚市立西小学校校長。

2011年、貝塚市立東小学校校長。

2014年、関西外国語大学教授。


著書に、『大阪の先生は元気です！』（2013年）、『心の窓を少し拓いて』（2012年）、『子どもは毎日が旬』（解放出版社、2009年）。

共著に、『行政が熱い 大阪は教育をどう変えようとしているのか』（明治図書出版、2005年）、『源流』（水交会、2005年）、『伏流水』（水交会、1991年）、『地下水脈』（水交会、1987年）、『同和教育実践の記録2 綴ることと人権学習』（解放出版社、1986年）

教育 Do it!　動詞で考える学級・学校づくりのヒント

2015 年 2 月 15 日　第 1 版第 1 刷発行

著　者　明石一朗 ©
発　行　株式会社 解放出版社
552-0001 大阪市港区波除 4-1-37 HRC ビル 3F
TEL 06-6581-8542　FAX 06-6581-8552
東京営業所　101-0051 千代田区神田神保町 2-23 アセンド神保町 3F
TEL 03-5213-4771　FAX 03-3230-1600
振替 00900-4-75417　ホームページ http://kaihou-s.com
装幀　森本良成
本文レイアウト　伊原秀夫
印刷・製本　モリモト印刷株式会社

ISBN978-4-7592-2036-0 C0037 NDC370 141P 19㎝
定価はカバーに表示しております。落丁・乱丁はおとりかえします。